OHSAMA BUNKO

# 読むだけで「折れない心」をつくる35のヒント

宇佐美百合子



三笠書房

はじめに

# 「心の強さ」が自然に生まれてくる最も効果的な方法

日常の中で、「なんだか憂うつ」と感じたり「またか」と気がめいったり、思わず心が折れそうになることはだれにでもあると思います。

私もちょくちょくありますが、あっというまに復活します。なぜなら、そのままずっと不幸せでいることに耐えられないからです。

「折れない心」とは、「幸せに生きることをあきらめない心」なんだと私は思います。

物事が思うようにいかなくて、あなたの心が折れそうになったとしても、幸せに生きることをあきらめなければ必ず復活できますよ。

私は心について研究するうちに、落ち込みそうになったときに簡単に復活するコツを見つけました。

それを〝35のヒント〟としてまとめたのがこの本です。

本書は、ここにあるヒントをどれかひとつでも試してみるつもりで読み進んでください。

すると、いつのまにかあなたの中に〝視点の切り替え〟が起きるでしょう。

視点を替えて心に〝しなやかさ〟を取り戻すこと。それが「折れない心」をつくるうえでは欠かせないことなのです。

というのも私たちはつらいと感じるときほど、心がカチカチになって〝思い込み〟が激しくなっているからです。

どんな些細《ささい》なことでも、「こうでなくちゃイヤ！」「こうあるべき」という気持ち、あなたの中にありませんか？

それをうまく切り替えて、「ま、いっか！」「人は人、私は私」というところまで持っていけると、折れない心が手に入ります。

世の中にはさまざまな人がいて、多種多様な価値観があります。

そんな中で生きていれば、ムカつくことも、気がめいることも、落ち込むこともあるでしょう。

もし、あなたの身に、思いがけないことが嵐のように襲いかかったとしても、永遠に続く嵐はありません。

それどころか、嵐が過ぎ去ったあとには、目も覚めるようなさわやかな青空が広がります。

だからこそ、何があっても柳のようなしなやかな心で、自分を傷つけることなくやりすごせるようになってください。


ちょっと視点を替えればいいんです。

あなたの中心に、しなやかにたわむ「折れない心」をつくれば、それだけでもっとラクに、もっと楽しく生きられるようになりますよ。

憂うつな時間は最短にして、いまから幸せな人生を始めましょう！

宇佐美　百合子

もくじ



# Part 1 いつも「前向きな人」が大切にしていること

## ――365日「いい気分」でいられる秘訣

Part 2

# 「へこんだ心」にすぐに効く方法がある!

## ――「しなやかな自分」を呼び覚ます確実なヒント

Part 3

# 「もう一歩前へ」進む勇気が欲しいあなたへ

## ――仕事も人生も、悩み迷った分だけ成長できる

Part 4

# ほんの少し見方を変えるだけで、人間関係に強くなれる

――「期待しすぎない」が、心地いい距離をつくる極意

## Part 5

# 明日、もっと元気になるために必要なこと

## ——心と体がよろこぶ毎日の過ごし方



本文イラストレーター◯嶋津まみ

Part 1

# いつも「前向きな人」が大切にしていること

――365日「いい気分」でいられる秘訣

# 立ち直りの早い人の〝口グセ〟

「なぜかうまくいかない」

「上司にこっぴどく叱られた」

「同僚と気まずい行き違い……」

そんなことがいくつか重なると、心が折れそうになります。

「ホント、もう勘弁してよ」と泣きたくなってしまいますよね。

ところが、自分の周りを見回してみると、どんなにつらい状況に立たされても、少しもめげずに果敢に立ち向かう人がいます。

あなたの周りにはいますか？

そんな人を、あなたは「あんなふうにめげない人になりたいな」「あのタフさを身につけられたらな」と、うらやましく思うかもしれません。

でも、ちょっと待ってください。あなたの目に「少しもめげない」と映った人は、本当に少しもめげていないのでしょうか？


私は、〝少しもめげない人〟なんていないと思いますよ。

そう見えるのは、ものすごく立ち直りが早いから。

あまりにも切り替えが早いために、「少しもめげない」ように映るだけなのです。


人間は、どんなにタフな人でも、ショックを受ければめげるもの。

だから、あなたも「めげてはいけない」なんて考えることはありません。

大事なことは、めげたあとのことです。

そこから「いかにして早く立ち直るか」ということ、何度めげようとも「いかにして何度でも立ち直るか」ということです。

このふたつが重要なんですね。

早く、何度でも立ち直るために守ってほしいことがあります。

それは、めげたときに絶対に自分を責めないこと。

さらに、人も責めないこと。


責める時間はナシ。「どうして自分はダメなんだろう」といつまでもイジイジしていると、立ち直るキッカケを失ってしまいます。

自分を責めずに「この経験を絶対にムダにしない！」と心に誓いましょう。

そうすれば、心にスイッチが入って、「よし、二度と同じことを繰り返さないために、今度はこうしよう」と新たな気力が湧いてきますよ。


また、人を責め始めると、責任を人に押しつけた分、すべてのことが相手次第になってしまいます。

その結果、あなたが問題を解決する〝主導権〟を失ってしまうのです。

「自分の人生に起こった出来事は、すべて〝自分のこと〟として解決する」という姿勢を貫きましょう。

先のことは、だれにもわかりません。

もしかしたら、あなたは不本意ながら、上司が青くなるような失敗をしたり、周りの人に大迷惑をかけるような〝サイアクの事態〟を招いてしまうことがあるかもしれません。

そんないたたまれない状況のときでも、立ち止まっているヒマはありませんよ。

「謝りにいく」「指示を仰ぐ」……やるべきことはたくさんあるはず。

自分を責めて嘆くことも、人を責めて言い訳を考えることも、時間のロス。それより、すみやかに次の行動に移りましょう。

頭の中でぐるぐる考えるのをやめて、とにかく行動を起こす。これが、素早く立ち直る方法なのです。


いたたまれない状況から早く立ち直ることができれば、そのときについた〝傷〟は、〝人生の勲章《くんしょう》〟と思えるようになるでしょう。

まるで、戦士が果敢に戦ってついた傷跡が勲章として称えられるように、自分のことを、あの状況でよくがんばったといつか称えられるようになるからです。

それが、生きる自信につながっていくのです。
そうやってあなたは、多くを学んでノウハウをつかみ、心を磨いてスケールの大きな人間になっていくんですよ。

立ち直りの早い人の口グセ。それは――
「自分にとってプラスのことしか起こらない。
私はいつも応援されている」

# ページをヒュンとめくって、おしまい！

生きていれば、いろいろなことがあります。心がウキウキするような出来事があった数時間後に、もうダメかもしれないと思う壁にぶつかることも……。

こんなふうに、最高と最低がめまぐるしく入れ替わる人生の中で、〝勝ち組〟と〝負け組〟なんて、簡単に線引きできるはずがありません。

人生は、それほど単純ではないのです。

とは言っても、競争社会に暮らしていれば、数字上の勝ち負けがついて回って、もちろん自分が負けることもあるでしょう。

でも、負けることは、けして〝人生のマイナス〟ではありません。

その経験をバネにして、大きく飛躍する〝人生のチャンス〟なのです。

その意味では、悔しくて地団駄を踏むことも、泣きたくなるような敗北感を味わうことも、必要な経験と言えるでしょう。

でも、ふだんから必要以上に〝負け〟を恐れ、目の前のことに集中できない人や、1回の負けで人生を否定されたかのように落ち込む人がいます。

あなたは、そんなことはありませんか？

たとえ、あなたが負けを味わっても、それは数字の上の出来事にすぎません。

極端な話、トップから見れば、2位以下は全員〝負け〟です。それで能力がないと決めつけたり、人間的に劣ると嘆くなんてナンセンスでしょう？

負けることは、失うことではない。

数字の上で負けたとしても、あなたが失うものは何もない。

むしろ、負けるという貴重な経験を得たんですよ。

また、全員が勝つことが不可能なように、ひとりの人間が勝ち続けることも、負け続けることもあり得ません。

だれでも、負ける日もあれば、勝つ日もあるのです。

勝っても負けても、それはあくまでも〝人生の1ページ〟にすぎません。

そのとき、その場の体験です。

次のページをめくれば、また、真っ白なページが出てきます。

心が折れそうになって落ち込んでも、ヒュンとページをめくっておしまいにしませんか。

もし目の前に、あなたに勝ってよろこんでいる人がいたら「今日はよかったね」とエールを送り、あなたが勝ったときには「負けてくれた人がいたから私は勝てた。ありがとう」と感謝しましょう。

そうすれば、負けていじけることも、勝って図に乗ることもなくなって、気持ちが安定するから。

勝っても負けても、ブレない自分をつくる。それが私たちひとりひとりの目標なのです。

さまざまな感情にもまれながら、ブレない自分をつくることで、人間としての器を大きくしていきましょう。

自分の器が大きくなれば、周りにいる人のことも包み込むことができるようになります。安心させてあげることができるんですね。

その一番の価値がある〝人間の器〟を測る数字はありません。

仮に、自分の器をいかに大きくしたかで勝ち負けを決めるとしたら、「自分の存在価値を認めて、心から自他を愛することができた人」が勝ち組でしょう。

それこそが、「人生に勝利する」ことだと思います。

自分の器を大きくすることを、あなたの〝生きがい〟にしませんか。

その瞬間から、人生に無上のよろこびが訪れるようになりますよ。

人生に勝利して、「何があっても幸せに生きる」という、自分が生まれてきた目的を達成しましょう！

「負ける」ことは、「失う」ことではありません。
〝負けるという体験〟を、
人生の1ページで味わっただけ。
次をめくったら、
また真っ白なページが始まります。

# 過去や未来よりも、「いまやるべきこと」に集中する

〝心配の種〟は、探し始めたらキリがありません。

子どものころ、「キライな食べ物を出されたらどうしよう」「このまま背が伸びなかったらどうしよう」と小さな胸を痛めて心配したことがあるでしょう。

あなたは大人になってからも、些細なことを「ああなったらどうしよう」「こうなったらどうしよう」と心配して時を過ごしていませんか？

〝心配〟は、まだ起こってもいない未来をあれこれ考えること。

〝後悔〟は、もう起こってしまった過去をくよくよ考えること。

どちらに心を奪われても、〝いま〟という時間を生きられなくなります。時間は、あなたの人生そのもの。もっと言うなら、あなたの命そのものです。たった一度しかない人生を、過去を後悔したり、未来を心配したりして過ごすのは、実にもったいないこと。

〝いま〟という時間は、「いまここにある命」を楽しむために使いましょう。

たとえ〝心配の種〟を見つけても、その種を育てないことが大事です。

心配の種は「放っておく」に限ります。

それが、心配しすぎる自分から抜け出す方法なのです。

くれぐれも、水をやったり、肥料をやったりして、立派な花を咲かせないようにしてくださいね。

大きな心配に育ってしまってから、なくそうとしてジタバタしても、苦しくなるだけ。心配の種を見つけたら、あれこれ余計なことをせず、そこら辺に転がしておきましょう。

心配の種そのものに、意識を向けないことですよ。

例として、会社でのワンシーンを取りあげてみましょう。

明日、あなたは大事な会議でプレゼンをすることになっています。

そこに、厳しいことで知られる部長が出席するという情報が入ってきました。

「わあ、どうしよう。ちゃんと発表できるだろうか……」

あなたは「部長が出席する」という心配の種を見つけましたが、そこでこの種を育ててはいけません。

「部長の質問にしどろもどろで答えられなくて、厳しい評価を受けて……」と、起きてもいないことを考えて時間を使わないようにしてください。

それよりも〝いま〟できること、プレゼンの準備に集中しましょう。


起きてもいないことに気を取られず、新しいものを生み出すために〝いま〟を使う。それが、心配しないでいられる唯一の方法です。

そんなふうにいまを使えるようになると、人生が充実してきます。

なぜなら、そこには〝心配〟するあなたの代わりに、〝工夫〟するあなたが生まれるから。

私たちは、一生懸命何かを工夫していると、頭と心がイキイキしてくるんですね。だから「楽しい！」と感じられるのです。

どんなときも、自分が〝いまやるべきこと〟に集中して、一心に〝いまやれること〟を工夫して、心配の種とサヨナラしましょう！

避けたいけど〝避けられないモノ〟は
放っておく。
そう割り切ったとき、
いまを楽しめる人生が始まります。

# 「自分をよくみせたい」という気持ちも大切。だけど……

「親に認められたい」

「友だちに認められたい」

「上司に認められたい」

「恋人に認められたい」

自分はずっと、周りにいるだれかから認めてもらいたくて、いままでがんばってきたのかもしれない……。そう感じたことはありませんか？

「他の人から認められたい」という願望は、〝承認欲求〟といって、だれもが持っているものです。

子どもが、親から認めてもらいたくてがんばるように、大人になってからも私たちは、他の人から認めてもらいたくてがんばるのかもしれません。

自分の価値を少しでもあげようと努めることは、向上心の表れですから、その意味で「人から認められたい」と思うのはいけないことではないと思います。

ただし、度がすぎると苦しくなります。

認められるためにムリをして、自分を装ったり、背伸びをしたり……。

それで認めてもらえなければ、不満と不安に苛《さいな》まれるようになるんですね。

私もそういったひとりでした。

人から認められたい一心で、自分をよく見せるために、自分を飾っていっぱい背伸びしていたのです。

しかしそんなことを続けるうちに、心がボロボロになってしまいました。

〝素の自分〟を見失って、自分が何者かわからなくなってしまったのです。

「もう疲れた。そうまでして認められても長続きしないし、むなしさが残るだけ。どうすれば、あるがままの自分を認めてもらえるんだろう……」

　考えあぐねて、逆の発想をしてみました。

「私だったら、どんな人を認めて応援したいと思うだろうか？」

　そこに〝答え〟がありました。

「自分をよく見せようなんて思わず、いつも自分にできることを精一杯やり続ける人。そういう人を応援したくなる！」と思ったのです。


　もし、あなたがいま、「どうしても人から認められたい」「認められないと不安」という気持ちに押しつぶされそうになっていたら……。

　まずは「自分を飾ったり、背伸びしたりしなくてだいじょうぶ！」と自分に言い聞かせてください。

　大事なことは、曇りのない心で人と接し、目の前の仕事に全力投球することです。それだけで十分、周りの人はあなたのことを認めてくれるでしょう。


　自分を偽らず、どんなことにも真心でぶつかる。それが〝あるがままの自分〟で生きるということなのです。
そんなあなたでいれば、何も特別なことをしなくても、必ず「応援される人」になっていきますよ。

人の心に一番響くものは、巧妙な話術ではありません。
隙《すき》のない行動でもありません。
あるがままのあなたから放たれる〝誠心誠意〟の言動なのです。

背伸びをして、がんばり続けるより、
いま、それをやめる勇気も大事です。
あなたが認められる方法は、
ほかにあります。

# 「好かれなくてもいい」と思うと〝味方〟が増える

「〝いい人〟を演じるのは、もうおしまい！」

相談にきた女性に、ピシッとこう言ったことがあります。

「嫌われるのが怖くて、人の顔色ばかりうかがって……。気を遣って愛想笑いしたり、お世辞を言ったり……。本当はそんな自分がイヤで、もう、人に合わせることに疲れてしまいました」

彼女はそう言って、肩を落としました。

だれだって人に嫌われたくないし、「みんなに好かれたい」と願う気持ちはわかります。でも、そのために〝いい人〟を演じたり、ガマンして人に合わせていたら、のびのびと生きられるはずがありません。

嫌われたくないという気持ちが、「少しでも好かれて幸せに生きたい」という思いからきているとしても、結果は正反対になっていくからです。

自分を抑えつければ、心は〝不幸せ〟に向かっていくんですね。

彼女に言いました。

「嫌われたくないと思うことも、人に気を遣うこともOK。あなたはそれで疲れたわけではありません。これからはどんなに気を遣っても、自分に絶対〝ムリ〟と〝嘘〟は強いないと約束してください。いい人でいることもありません。素のあなたよりも魅力的なあなたは、どこにもいませんよ」と。

実は、私も長い間〝いい子〟と〝いい人〟を演じ続けてきました。

カメレオンという生きものは、周囲の色に合わせて体の色を変えますが、そのカメレオンと同じ。

あっちでもこっちでも話を合わせるうち、「本当は自分が何色の生きもので、何をしたいのか」わからなくなってしまったのです。

そうまでした結果、「だれからも好かれたのか」というと、けしてそうではありませんでした。

「あっちにもこっちにもいい顔して、あの人って信用できない」「口ではああ言っているけど、ホントは何を考えているかわからない」と思われていたのです。

それを知ったときは、「言いたいことも言わず人に合わせて、あげく白い目で見られていたなんて……バカみたい」と、みじめで悲しくて心が折れそうになりました。

そのとき、「もう、どう思われてもいい！　〝いい人〟なんてやめてやる！」と決心したのです。

ところが意外なことに、いい人でいることをやめたら、嫌われるどころか、以前より好かれるようになりました。

勇気を出して、正直に自分の気持ちを言うようにしただけなんですよ。

たとえば、「私はこう思うよ。気にさわったらごめんね」「私ってけっこういいかげんだから、当てにならないよ」という調子です。

そんなふうに振る舞うようになったら、周りが信用してくれて、うれしいことに、みんなも本音で接してくれるようになったのです。

私はもう「つじつまを合わせなければ」と冷や汗をかくことも、「どう思われるだろう」と気をもむこともなくなって、心がずっとラクになりました。

いま思えば、だれからも好かれようなんて最初からムリな話。

それは、本当にムダな努力だと思います。

それよりも、素のあなたを快く受け入れてくれる〝貴重な仲間〟を、ひとりでも多くつくる努力をしましょう。

その仲間が、あなたの〝心の拠《よ》り所〟になってくれますよ。

嫌われたくない、と思うのは自然なこと。
でも、そう感じても〝嘘〟と〝ムリ〟だけは
絶対自分にさせないでください。
素のあなたが最高なのですから。

# 努力が報われないときは、「いまは積み立て期間」と考える

「コツコツと一生懸命がんばっているのに、ちっとも報われない」

上司にほめられている同僚を横目で見ながら、「同じようにやっても結果が出ない。私はダメなのかな。才能がないのかな」とため息をつく……。

まじめに努力していることが報われなくて、思わず嘆きたくなるときってありますよね。

そんなあなたに、伝えたいことがあります。

〝報われない努力〟はありませんよ。

コツコツと地道に続けた努力は、いつか必ず報われます。

あなたは、それがいつ、どんな形で現われるかを知らないだけなのです。


こんなふうに考えてみましょう。

「見えない財産を、チャリン、チャリンと貯金している」と。

あなたのがんばりが〝見えない財産〟。

それはいつか満期を迎えて、思ってもみなかったタイミングで、しかもびっくりするような利子がついて、必ず戻ってきます。

その〝サプライズデー〟を楽しみにしましょう！


がんばったときは、少しでも早く結果を手に入れたいと思うもの。

昔は私も気が急《せ》いて、結果が見えないと「あんなにがんばったのにムダだったか」「なんだかソンしたような気分」とがっかりしたこともありました。

けれど、いろいろな経験を積んでくると、あのときの努力、経験、報われない苦しみ。そしてサプライズデーの感激……。そのすべてがいまの自分につながっていることがよくわかります。

若いときは、〝人生の頭と尻尾《しっぽ》〟が見えないんですね。

でも、長く生きて振り返れば、人生には何もムダがない、「自分ががんばったこと」しか〝財産〟にはならない、ということが実感としてわかるようになります。

ラクなほうにばかり流されて、まったく努力しないで過ごしてしまった人は、人生の終盤になって、胸を張って語れるような生き方をしてこなかったことを後悔するかもしれません。

「自分ががんばったこと」しか〝財産〟にはならない。これは、仕事にだけ当てはまることではありません。

人間関係にも、自分を育てるということにも当てはまります。

私に相談を持ちかけた女性は、「いつもよかれと思って人に気を遣い、人を助けているのに少しも報われない。自分ががんばってやっていることがむなしくなる」と訴えました。

私は彼女にこんなアドバイスをしました。

「真に努力したことは、いつか必ず報われますよ。まずは、あなたが目の前の人にしてあげたことを、その人から直接『返してほしい』と思うのをやめましょう。あなたの施《ほどこ》した親切は、忘れたころに〝他の人〟から返ってくるから。何も期待しないで、目の前の人を助け、精一杯のやさしさをあげていればいいんですよ」

この女性は、自分が尽くした人から何か返ってくることを期待して、それが叶わないために心が疲れてしまったのです。

あなたがまじめに努力していることが報われないときは、「いまは、積み立て期間！」と考えましょう。

卑屈になったり、バカバカしいと思ったりしないで、純粋な気持ちで励み続けてくださいね。そんな姿は本当に素敵だから。

そうすれば、いつか〝サプライズデー〟がやってきます。

もしかしたら、あなたが気づいていないだけで、それはすでに始まっているかもしれませんよ。

あなたが努力した分は、
いつか必ず返ってくるからだいじょうぶ。
自分が行なった結果を
受け取って生きていくのが
人生なのです。

# Part 2

# 「へこんだ心」にすぐに効く方法がある！

——「しなやかな自分」を呼び覚ます確実なヒント

# 「マイナスの感情」は、フタをしないで出し切る

「さみしくて胸が苦しい。人恋しくて泣きたくなる」
そんな切ない夜は、だれにでも訪れるもの。
そんなとき、あなたはどうしていますか?
友だちに電話する?
お酒を飲んで気をまぎらわす?
それをして、はたして〝さみしさ〟は解消されましたか?
一時的に気をまぎらわすことはできても、どこかやりきれない思いが、胸の奥でく

すぶり続けたのではないでしょうか……。

『人間は〝抵抗したモノ〟に追いかけられる』という習性があります。

「さみしいのは、やだやだ」と思って抵抗すればするほど逃れられなくて、ますますさみしさを味わうことになるんですね。

あなたに知ってほしいのは、「心には、いけない感情も、いらない感情もない」ということ。

〝さみしい〟がいけない感情で、〝うれしい〟がいい感情ということは決してないんですよ。

あなたが〝うれしさ〟を感じられるのは、〝さみしさ〟を知っているから。

さみしいとうれしいはワンセットで、〝泣きたいようなさみしい夜〟の裏側に、〝泣きたいほどうれしい夜〟があるのです。

そうは言っても、ヒリヒリするようなさみしさを感じる日は、じっとしているのは耐えがたいもの。そんなときは、さみしくてたまらない気持ちを自分なりの方法で表現してみませんか。

ピアノが弾けるなら、感情を込めて弾いてみましょう。

絵が描けるなら、感情を思い切りぶつけて描いてみましょう。

自分流のダンスを踊りまくっても、歌を歌いまくってもいいです。

言葉で表現して、詩にするのもいいし、ただなぐり書きをしてもかまいません。


「いまの気持ちはこんな感じ」「ひとりぼっち。それにはこの言葉がぴったり」「この曲は涙が出そうになるけどなぐさめられる」……

いつのまにか、さみしさに翻弄されていたあなたは、さみしさを抱きしめて表現するあなたになっているはず。


そうやって胸にうずまいているエネルギーを解き放つと、それは表現エネルギーに変わって昇華していきます。

そのときあなたの感性は、夜空にキラキラとまたたく星のように、美しく輝くことでしょう。

もう、〝さみしい夜〟を恐れることはありません。

さみしさとちゃんとつき合えたら、翌朝は、エネルギーが入れ替わって元気な自分になっているから。

みんな、やりきれないさみしさを抱えて生きているのです。
人には言わないだけで、さみしい夜を過ごしたことは数え切れないはず。
だからこそ、あなたがそのさみしさをだれかと分かち合うことができたら、今度はうれしさが2倍になって返ってきますよ。

ひとりぼっちでさみしくて、
心がはちきれそうになったら、
何も考えないで
その感情に浸ってみましょう。

# 不安・恐怖心との上手なつき合い方

責任ある仕事を任されて、ちょっと大変だけどやりがいを感じる。
休日は、素敵な恋人とのんびり過ごす。たまに、気の合う友人と旅行に出かける。
この頃、なんだか人生、いい感じ。
だけど……。この幸せはいつまで続くのかしら。
絶対に変わってほしくない！　何ひとつ失いたくない！　どうしよう……。
幸せにふくらんでいた心を、急速にしぼませたもの。
それは〝失うことへの恐怖〟です。

対象が何であれ、私たちは「失いたくない」と思うと、とたんに怖くなります。
「このまま変わらないでほしい」と願ったとたんに苦しくなります。
なぜなら、この世に移り変わらないものなど、何ひとつないから。
『すべてのものは移り変わる』というのは、宇宙の摂理です。
「移り変わる」ことに抵抗して止めようとすれば、苦しみを生むだけなんですね。
これは、仕事、お金、恋人、若さ……すべてに当てはまることです。
何に対しても、「変わらないで」と願うことをやめましょう。
その代わり、「変わってもいいよ」と心の中で許可しませんか。
それが〝失うことへの恐怖〟から解放される唯一の方法です。

とは言っても、もともと「変わらないでほしい」と〝執着〟しているのですから、
最初は、なかなか気持ちの切り替えがうまくいかないかもしれませんね。
そんなときは、ちょっと勇気を出して、「変わるときがきたら、変わってもいいよ」と言葉に出して言ってみてください。
すると、自分がいまはまだ何も失っていない。「それ」はまだ目の前にあるという

ことに改めて気づくでしょう。

まだ失ってもいないものを、失うことを想像して苦しむのは、まさにエネルギーの浪費。それよりも、いま目の前にあるモノや人を心から大事にして、そこにありったけのエネルギーを傾けましょう。

そうすれば、幸せを受け取り続けることができますよ。

あなたは、何を失うことをもっとも恐れているのでしょうか？

たとえば、自分の現在のポストを失うことが怖いのなら、「このポストにいられるいまが幸せ。いまできることを一生懸命やろう」と考えてください。

恋人を失うことが怖いのなら、「彼はいま、そばにいてくれるのだから、彼のことを精一杯大事にしよう」と思いましょう。

「変わるときがきたら、変わってもいい」と許可すると、結果的に、いま目の前にあるものを大事にできるようになるのです。

なぜなら、失うことが怖いくらい大事なものを手にできていることに、素直に感謝するあなたが生まれるからです。

「変わってもいい」は、自分を恐怖と執着心から解き放って感謝の気持ちをよみがえらせる〝宣言〟なのです。

「変わらないで」が頭をもたげるたびに宣言を繰り返していると、素敵なことが起こりますよ。

「自分も同じように移り変わっていくのだから、泣くことも、笑うことも、すべての経験を養分にして、内側からピカーッと光る私になろう！」

素直に、そう思えるようになるでしょう。

この幸せがこのままずっと続くのか
不安になったとしたら……。
失うことが怖いくらい大事なものを
いまは手にしていることに感謝しましょう。

# たまには〝号泣〟して、心の洗濯をする

「体が重い」

「いままで楽しかった仕事も、なんだか最近はつまらない」

「気の合う友だちとも、いまは会いたくない」

「ぐっすり眠れなくて、寝不足。だから朝もスッキリ起きられない」

……

こんな症状が現われたら、〝心のバッテリー〟が切れかけている証拠。お知らせランプが点滅し始めています。

それは、怒り、悲しみ、ねたみといったネガティブな感情が、心にオリのように溜

まっている状態です。

心のパイプが詰まると、うれしい、楽しい、幸せといったポジティブな感情をたくわえることができなくなってしまうんですね。

これでは、前向きな気持ちになれるはずがありません。

そのまま放置すれば、心にも体にもよくない影響が出てくるでしょう。

そんなときは、ポジティブな感情がよみがえってすがすがしい気分になれるように、〝心の大掃除〟をしましょう。

私からの〝おススメ〟はふたつ。

ひとつは、「声をあげて思い切り泣く」こと。

オイオイ泣いて、涙と一緒にネガティブな感情、つまり心にこびりついたヨゴレを洗い流してしまうのです。

だけど、泣けと言われても簡単に涙は出てきませんよね。

私はそんなとき、あえて〝泣ける映画〟のＤＶＤを借りてきます。心が疲れていた時期は、休みのたびに映画を見てポロポロ涙をこぼしていました。

涙は、心の浄化剤。

あなたも何とか泣く工夫をして、涙をフル活用してください。

もうひとつは、「絶叫する」こと。

それも、声がかすれるほど大きな声で、声がかれるまで叫びます。

とは言っても、屋内でも屋外でも、大声をあげることはむずかしいと思います。

そこで役に立つのが〝ひとりカラオケ〟。

「今日は、イヤな感情を全部吐き出すぞ！」と決めて、カラオケボックスに行きます。

そこで、絶叫できる曲を思い切り歌いましょう。

あるいは、曲だけ流しておいて、思いっきり叫びましょう。

「バカーッ！」

「もうイヤーッ！」

「アアアーッ！」

大声を出すことが目的なので、ためらってはいけません。

絶叫しすぎて息が切れ、ハアハア言うくらいまで続けてみてください。

あなたの心に〝悲しみ〟が溜まっていたら、たぶん涙があふれてきます。

そのときは、けして涙を止めないで、子どものように泣きじゃくりましょう。

心に〝怒り〟が溜まっていたら、思わず握りこぶしができるかもしれません。

そのときは、叫びながら握りこぶしでソファーやクッションを叩きましょう。

そうやって、心にあった〝痛みのエネルギー〟を、涙と一緒に出し尽くしてしまうのです。


すると、オリのように溜まっていたネガティブな感情が昇華されて、心のパイプが流れ始めます。

そこに、新鮮なエネルギーがどんどん入ってきて、自然に、うれしい、楽しい、幸せ気分が復活しますよ。

スッキリしたところで、大活躍してくれた涙にお礼を言いましょうね。
「手伝ってくれてありがとう。またヨロシク！」って。

怒りや憎しみ、悲しみ……、
心の底に巣くっている重たいエネルギーは
宇宙に飛ばしましょう。

# 「人にやさしくなれないとき」は、まず深呼吸をする

なんだかつんけんしてしまって、ちっとも人にやさしくなれない……。

そんなときがありませんか？

あなたが「人にやさしくなれないとき」は、実は「自分に一番やさしくなれていないとき」なんですね。

あなたの〝やさしい気持ち〟を溜めておく心のダムは、干からびてカラカラ。

本当は、だれよりも自分が〝やさしさ〟を求めているのです。

だから、「どうして私は人にやさしくなれないの？　そんなに心の小さい人間なの！」と自分を責めないでください。

あなたの心のダムが干からびてしまった理由は、ふたつ考えられます。

ひとつは、ものすごくイヤなことが起こって、心が〝不幸感〟であふれ返っている場合。

もうひとつは、仕事や時間に追われて、心身が〝疲労感〟におそわれて悲鳴をあげている場合。

いずれも、自分に〝やさしさ〟を補充する必要があります。

すると、それが呼び水となって、本来持っているあなたのやさしさが、自然に湧き出てくるでしょう。


やさしくなれないひとつめの理由、〝不幸感〟であふれ返った場合。

心に充満している「もうイヤ！」という感情は、ムリに追い払おうとすると、かえって存在感を増します。

だから、「しばらく一緒にいよう」くらいの気持ちで抵抗しないほうが賢明です。

その代わり、ヒリヒリする心に寄り添って、本当は人からかけてもらいたい〝やさしい言葉〟を、自分の心にかけてあげましょう。

「つらいときもあるよね。だけど、これはズーッとは続かないからイライラしないで。少しでもつらさを忘れていられることは何？　幸せな気分になれることは何？　そうだ、好きな音楽でも聴く？　それとも美味しいお茶がいい？」

こんな調子で、ありったけの愛を自分に注いでください。

それを続ければ、少しずつ落ち着いてきて自分を取り戻すことができるでしょう。

やさしくなれないふたつめの理由、〝疲労感〟におそわれた場合。

それは、やるべきことに追われて、自分がいっぱいいっぱいになっているときなんですね。

そんなときは、人にやさしくするどころか、頼み事を聞いてあげる余裕もなくなってしまいます。ちょっと声をかけられても、「うるさい。黙っててよ」と突き放してしまうかもしれません。

自分がいっぱいいっぱいだと思ったら、「ごめんね。いまは余裕がないの。ちょっと待ってて」とか、「しばらく、そっとしておいてね」とはっきり伝えましょう。

もし、キツイことや失礼なことを言ってしまったなら、早々に、余裕がなかったことを正直に話して詫びること。そうすれば、きっとわかってもらえますよ。


そして、とにかく自分に〝お休み〟をあげてください。

「休めない」のではありません。「休まない」自分がいるのです。

そんな自分を返上して、〝休む勇気〟を奮いましょう。


私は執筆中に行き詰まると、どんなに忙しいときでも「よし、いまから30分休憩！横になってぜーんぶ忘れる！」としばらく頭をカラッポにします。

そうやって心身を労わることが、もうひとつの仕事だと考えているからです。


会社にいて横になれないというときは、ちょっと部屋を抜け出して外の空気を吸うだけでもいいと思います。

空を見上げて、10回深呼吸しましょう！

吐くときは、吸うときの3倍の時間をかけて。

疲れた細胞のすみずみまで、新鮮な空気を送り届けてあげましょう。

「私はこの体を大事にします！　私は私を愛します！」と言ってみてください。

きっと、たった2分間で見違えるほど元気になれますよ。

どんなに疲れていても、あなたが心身を労わることを忘れなければ、あなたの心のダムが干からびることはありません。

そうやって自分にやさしくできてはじめて、人にも心からやさしくできるのです。

人にやさしくなれないときは、
自分に一番「やさしくなっていない」とき。
だから、まず自分自身に
〝やさしさ〟をあげましょう。

# 「自分自身」のために、「相手」を許す

あなたには、「この人だけは絶対に許せない」と思っている人がいますか？

もしいるとしたら、苦しくてつらいことでしょうね。

〝憎悪〟という感情は、心身を食い荒らしてボロボロにする〝害虫〟のようなもの。

一刻も早く、あなたの中から追い出しましょう。


人間はみんな「人生という場で学び、成長して愛に目覚め、幸せに生きるために生まれてくる」と私は思っています。

人生に山のようにある学びの中で、最大の難関は〝許す〟こと。

それほど、〝許す〟ということはむずかしいことなのです。

ひるがえって言えば、もし、あなたが自分を傷つけた相手を本当に許すことができたなら、あなたは難関をクリアして真実の〝愛〟に目覚めるでしょう。

そうは言っても、憎んでいる相手を許すことは、実際には簡単なことではありません。

でも、ひとつ、そこに近づくいい方法があります。

それは、〝傷ついた自分〟を許すこと。

たとえば、あなたが「人からだまされる」体験をしたとしましょう。

気持ちとしては、「自分をだました相手を絶対に許せない！」と思っています。

でも、それを掘り下げていくと、実は〝だまされて傷ついた自分〟を許せなくて苦しんでいることがよくあるんですね。

深層には、まず「だまされて傷ついた自分が〝イヤ〟」という感情があって、その次に「そんなつらい思いをさせた相手が〝憎い〟」という感情があるのです。

そんなときは、まっ先に、憎しみの震源地になっている〝傷ついた自分〟、もしくは〝傷ついた体験〟を癒しましょう。

それが、「許しの扉を開ける鍵」になります。

私にも、どうしても人を許せないと思った経験があります。

それは、最初の結婚相手に欺かれたとき。もう立ち直れないと思ったほど、深く傷つきました。

でも、何年もかけて学び、ようやく許すことができました。

つらい出来事や関わった人を甘んじて受け入れるということは、そこにいた自分を許すこと。「よくがんばったね」と自分を抱きしめることなんですね。

それは自分の人生に起きたことを、いい悪いではなく、まるごと受け入れる覚悟ができたときなのです。

私はそのときはじめて、「この人生で〝許す〟という課題をクリアするために、彼は悪役を担ってくれたんだ」と思うことができました。


もしもあなたが傷ついたまま、「相手を憎み続けてしまいそう」と思ったら、自分に問いかけてみてください。

「傷ついた自分を愛するのか？　それとも、愛し損なうのか？　どっちの体験をしたいの？」と。

怒りが込み上げているときに愛を選ぶことは、たしかにむずかしいことです。

けれども、私たちが体験することをつきつめれば、その自分を「愛するか」「愛し損なうか」だけしかありません。中間はないんですね。

それはつまり、その自分を「許せるか」「許し損なうか」ということなのです。

どちらかしかないというところに立てば、答えを出すのは簡単でしょう。

許し損なった果てにあるのは、憎しみ、後悔、絶望……。

そこに立ち返って、「さあ、どっちを体験するの？」と自分に迫るのです。

私はそうやって、進むべき道を決めてきました。

どんな目にあっても、決して「自分を愛し損なわない」「許し損なわない」ことが、何よりも大切なのです。

これまでも、そしてこれからも、悲しい体験をする自分を「許し続ける」ことこそが〝究極の愛〟だからです。

その愛を育めば、すべての人や出来事を許せるようになるでしょう。

他の人を許すことができるようになるのは、あくまでも、自分を許した結果なんですね。

大丈夫、それはあなたにも必ずできますよ。

究極の愛を体現する。あなたは、それをやり遂げるために生まれてきたのだから！

「許す」こと、「憎む」こと、
「愛する」ことも「愛さない」ことも、
あなたは、自由に選び、体験できます。

# 「いいところ探し」の達人になる

あなたは、自分の〝いいところ〟をいくつあげられますか？

みなさん驚くかもしれませんが、私は１００個でも２００個でもあげられます。

そんな私は完全無欠？　超がつくほどナルシスト？

いえいえ。私は欠点もコンプレックスもあるごく普通の人間です。

ただ、自分の中の〝いいところ探し〟が上手になっただけ。

試しに、あなたも鏡に向かって２分間、とにかく自分をほめてほめて、ほめまくってみてください。黙ってしまった時間はカウントしませんよ。

さあ、用意スタート！

「笑顔が愛らしい！」「どんなときも明るさを忘れないところが素敵！」「正義感が強くてカッコイイ！」「仕事をテキパキこなす！」……

ほかには？

「うーん、背が低くてかわいい」「指の形がキレイ」「髪をかきあげるしぐさもセクシー」「落ち着いていて物静か」「繊細でやさしい」……

どうです？　自分をほめようと思うと2分間って意外と長くありませんか？

最初は、「元気だ」「明るい」「気がきく」と、通り一遍のほめ言葉を思いつくでしょう。

でも、それで2分はとてももちませんよね。途中からはふと頭に浮かんだことを、とりあえず「〇」にしてほめていったと思います。

でも、いま、この2分間を通して、自分の〝いいところ〟をたくさん発見できたのではないでしょうか？　見過ごしていた魅力にいっぱい気づけたのではありませんか？

改めて、自分がほめた内容を思い返してみましょう。

ふだんは「自分ってネクラかも」と短所に思えていたことを、「落ち着きがある」「繊細」「物静か」とほめていたはず。

短所と長所は、表裏一体なんですね。

同じものを、違う角度から見て、評価しているだけなのです。

片っぱしから自分にあるものをほめていくと、自分のことをいつもとは違う角度からとらえることができます。

つまり、どの角度から見るかが問題なだけで、あなたの中に長所でないものは、ひとつもないんですよ。

それでも、「この部分は、どう考えても長所とは思えない」という人もいるかもしれません。そんなときは、好き嫌いをちょっと横に置いて、ニュートラルな目線で「これは私の個性」ととらえましょう。

私たちは、自分の〝嫌いなところ〟を欠点、〝好きなところ〟を長所と思うものなんですね。

いまは長所と思えなくても、うまく視点を変えられるようになると、きっと、嫌いだったところも自然に受け入れられるようになりますよ。

そうなったら、ニュートラルな目線で「私の個性」に入れておいたことも、長所のエリアに移ってきて、自分をまるごと愛せるようになります。

だからもう、心配しないで。

1日1回、鏡に向かって自分のことを思いっきりほめてください！

「自分の魅力を一番知らないのは、あなた自身かもしれません。」

Part 3

# 「もう一歩前へ」進む勇気が欲しいあなたへ

――仕事も人生も、悩み迷った分だけ成長できる

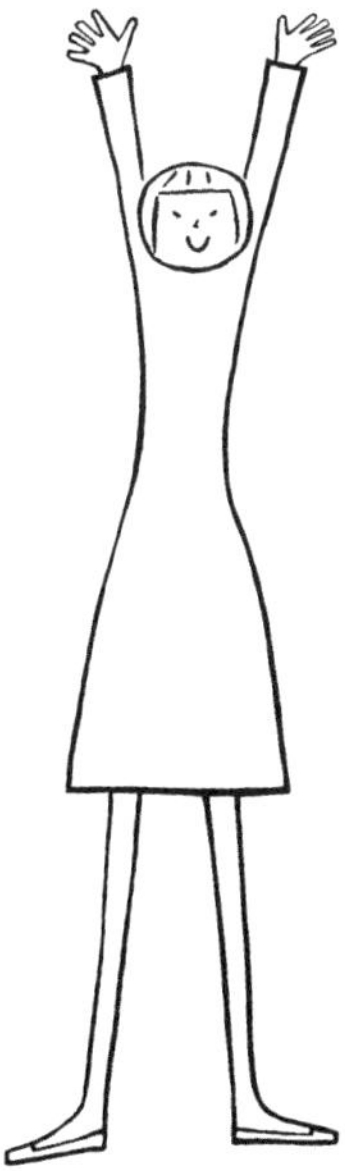

# 「自分の心が素直によろこぶこと」をやってみる

生活していくためには働かなければいけない。だけど、いまの仕事は全然やりがいを感じない。楽しくない。毎日がむなしい。不完全燃焼でイライラする。
こんな生活を変えたいと思うのだけれど、どうしたらいいかわからないんです——。
こういった相談が、私のところに数多く寄せられます。

「毎日、もっとイキイキして働きたいなぁ」

「いまの仕事は、何かパッとしない。もしも〝天職〟に巡り合えたら、自分はもっと輝けるのに……」

そう思っているあなたへ、ひと言。

「だったら、本当に好きなことを本気でやればいいじゃない！」

そう言うとあなたは、「好きなことをやって食べていけるほど世の中は甘くないし、好きなことがわからないから困っているのに！」とムッとしますか？

自分の才能を開花させて〝天職〟に就く方法は、ふたつ。
「目の前の仕事を好きになる」か、「好きなことを仕事にする」かのどちらか。

いずれにしても、キーワードは〝好き〟です。
もし、あなたがいまの仕事をどうしても好きになれないとしたら、「本当は何が好きなのか」をじっくり考えてみる必要があるでしょう。
生活のため、路頭に迷わないため、余計な苦労をしないため……と何だかんだ理由をつけて現状に甘んじている自分を乗り越えないと、天職には就けませんよ。

あなたが、時間も忘れるくらい夢中になれることは何ですか？

すぐ思い浮かばないときは、中学生ぐらいまでの子ども時代に「大好きだった」ことや「人よりうまくできた」ことを思い出してみましょう。

自分の好きなことこそが、その才能を持って生まれてきたことなのです。

〝才能〟という宝石は、「その世界に触れていれば幸せ」という気持ちの陰に隠れています。


私の場合で言うと、友だちの前で夢中で話をしていて、みんながよろこんでくれたり、感心してくれたりすると、とてもうれしかったんですね。

「あっ、私は人に何か語りかけることが好きなんだ！」

これが、アナウンサーを目指した最初の一歩でした。


ピンポイントで職業を探すことがむずかしかったら、「関わっているだけで幸せな気持ちになれる」世界を探りましょう。

それを〝方位磁針〟にして、そのジャンルに介在する職業の中から、自分に合った仕事を見つけ出せばいいのです。

たとえば、「赤ちゃん」が好き？　「動物」が好き？　「お菓子」が好き？　プラス、「動き回ること」が好き？　「書くこと」が好き？　「創作すること」が好き？　それらを組み合わせて具体的な職業に結び付けていってください。

見つけたら、あとは果敢に挑むだけ。

あきらめなければ、必ず自分を生かせる仕事に就けますよ。

好きなことならどんどんイメージがふくらんで、やる気も湧いてくるでしょう。

そこであなたが本気になったときに、それがあなたの天職になるのです。

いま、成功している人にも、
〝はじめの一歩〟がありました。
「自分にはできない……」
と最初から決めつけないで。

# できない理由を探すより、「どうしたらできるか」を考える

結婚もしたい、そして仕事もずっと続けたいと望むのは、欲張りでも何でもありません。

「できる」と信じれば、ちゃんと両立できます。

まず、「両立するのはムリかもしれない」という考えをやめましょう。

そのうえで、「この人と、結婚すべきかどうか」で悩んでいるあなたへ。

この世の中に〝すべきもの〟はひとつもありません。重要なのは、あなたがその人と結婚する〝覚悟〟を決められるかどうかだけなのです。

自分の胸に問いかけてください。

「結婚しないままの人生より、この人と結婚するほうが、夢や希望がふくらむ？」

「この人と結婚したら、失うものより、得るもののほうがはるかに多い？」

後者は、物理的なことだけではありません。精神的にも。

この場合、相手の条件をあげ連ねても意味はありませんよ。これから先の長い人生をラクに乗り切れるほど〝条件〟に効力はないからです。


そもそも、失うものと得るものが、はじめから両方あるのが結婚。

失うものの筆頭は「自分が自由に使える時間」でしょうね。そこに自分の仕事時間を入れるなら、パートナーの協力は絶対に欠かせません。


仕事と結婚を両立するコツを、ふたつお伝えしましょう。

ひとつは、パートナーに、仕事内容と、それにかける自分の情熱を理解してもらうこと。

どんなにがんばっても、ひとりで家庭と仕事を完ぺきにこなすなんて、できっこありません。パートナーの理解と協力がなければ、どちらも中途半端になって、自分が追い詰められてダメになってしまいます。

そうならないよう、パートナーをあなたの〝応援団長〟にしてしまいましょう。

仕事で疲れると、応援団長にグチのひとつもこぼしたくなるものですが、年がら年中では相手も嫌気が差してしまいます。

仕事を続けたいのなら、「グチは最低限にする」「自分がしんどいのを仕事のせいにしない」という努力が必要です。

家庭を大事にして、仕事もがんばっている。そんなあなたを見れば、きっとパートナーも「もっと甘えていいよ」と応援してくれるでしょう。


もうひとつは、時間の使い方を工夫すること。

私は仕事をし、結婚もしていますが、両立させるために気をつけていることは、どちらにも甘えないということです。

仕事のせいにして家庭をなおざりにしない。逆に、家庭のせいにして仕事のペースを遅らせたりしないと心に決めています。

そのためには「集中する」しかありません。やるべきときに、やるべきことに集中して生産性をあげる。そうすれば、エネルギーも時間も半分ですみます。

時間というのは、あってないようなものだということを知っていますか？

1日は24時間、1時間は60分と決まっていますが、長さの感覚は、人によって違います。「ある」と思えばちゃんと間に合うし、「ない」と思えば足りなくなる。時間の概念というのは、それぞれがつくり出しているのです。だからいつでも「時間はちょうどよくある」と思いましょう。

すると不思議に、必要なだけのまとまった時間をつくり出せるようになります。

時間とのつき合い方は、自分の人生とのつき合い方だから、上手にならないと！

上手な〝時間の使い手〟になれば、結婚も仕事も、きっと充実させられますよ。

時間は「ある」と思えばちゃんとあるし、「ない」と思えば足りなくなるもの。時間と仲良く、賢くつき合いましょう。

# やりたいことをみつけたら、とにかく一歩、歩き出してみる

私が、社会に出てから就いた仕事をあげてみましょう。

ローカルテレビ局のアナウンサーに始まって、アメリカへ留学。

帰国後、キー局でフリーのレポーターを務め、渡豪。

シドニーでマスコミのコーディネイト会社を経営、番組を多数制作。

日本に戻って、心理カウンセラーとして仕事を始め、現在は本の執筆が主です。

いつも前へ前へと進んでいたい。そんな私の生き方を「泳ぎ続けなければ死んでしまう、回遊魚みたいね」と友人は笑います。


そんな私でも、慣れ親しんだ場所から一歩前に踏み出すときには、大きな不安を感

じました。

けれども、やりたいことをやらないで終わることのほうが、もっと怖いと思ったのです。


新しいことに挑もうとするとき、足を引っ張るものに、３つの「ない」があります。

「時間がない」

「自信がない」

「勇気がない」


「勉強したいけど、時間がない」「やってみたいけど、自信がない」「失敗したらどうしようと思うと、勇気が出ない」……

これは、本当によく聞く言葉です。

あなたも、そう言って立ち止まっていませんか？

頭の中であれこれ考えていても、何も変わりませんよ。

このままではもの足りないと思ったら、もっと大胆に前へ進みましょう。

迷っているだけの堂々巡りは、それこそ時間のムダ遣い。迷っている時間にひとつでもアクションを起こしましょう。

「時間がない」のなら、時間の使い方を工夫しませんか。テレビを観るのをやめる、ネットサーフィンをやめる、長電話をやめる、早起きする……。

時間は、真剣に工夫すればいくらでも生み出せるものなのです。まず「時間がない」を言い訳にしない！　と決意しましょう。

「自信がない」人は、少しずつでもいいから準備を始めませんか。資格を取る、語学力を磨く、専門分野の勉強をするなど、いまのうちから準備しておいたほうがいいことは山のようにあるはず。

準備が整ってくると、自然に自信が湧いてきます。そういう前向きな気持ちがチャンスを引き寄せるんですね。そして、自分を生かせるようになるのです。

「勇気がない」という人は、〝人生で後悔したくないこと〟に思いをはせてみましょう。

そのひとつに、夢をあきらめてしまうことがありませんか？

あきらめて、あとで後悔するくらいなら、いま思い切って勇気を奮いましょう。

前述したように、私はアメリカから帰国すると、勇気を出してキー局のオーディションを受け、再び「話す」仕事に就きました。

実は、せっかく身につけた〝しゃべりのカン〟を錆《さ》びつかせないように、アメリカにいる間、日本語放送局で、毎週、電話リクエストのディスクジョッキーをやっていたんですね。

こうして、自分なりに3つの「ない」を克服して、胸に秘めた夢を叶えていったのです。

夢を叶えるために、いまできるアクションを起こして一歩前に進みましょう。

あなたが自分の手で〝未知の扉〟を開けなければ、「まだしていない体験をする」

ことはできません。

それは「まだ手にしていないチャンスを得る」ことができないということです。

人生のチャンスは、つかもうとする者のところにやってくるんですよ。

その日のために、あなたはさっそくどんな準備を始めますか？

〝未知の扉〟を開けるのは、怖いですか？
だれでもみんな、そうです。
でも、だいじょうぶ！
扉の向こうには、
未知の幸福が待っていると信じて！

# 「逃げ出したい」と思ったら、あえて近づいてみる

もし、あなたが「転職したいな」と考えているなら、自分の胸に聞いてみてください。

「いまの職場がイヤになって逃げ出したいのか、それとも、いまとは違うことに新たに挑みたいのか、どっち?」って。

目の前のことから逃げ出したくて「転職したい」と考えるのは、行動を起こす理由がとても〝マイナス〟ですよね。

転職をキッカケに「今度こそやりがいのある仕事に就きたい」と思っても、スタートがマイナスからだと、その後がとてもハードになります。

マイナスをプラスにまでもっていくには、予想以上の労力を要するからです。その理由は、「今度は大丈夫かしら？」と警戒したり、周りのようすをうかがったりと、仕事に専念する以前に膨大なエネルギーを使うため。

にもかかわらず、またしても〝期待はずれ〟に終わる場合もあるでしょう。そんなことを繰り返していたら、身も心もボロボロになってしまいます。

あなたがどうしても転職したい理由を、最初に把握してください。もしかすると、「上司が私の能力を認めてくれない」「ワクワクするような仕事をやらせてくれない」「私はいてもいなくてもいい存在」と、勝手に〝被害者意識〟に陥っていませんか？

そこで提案です。
どうしても辞めたいと思ったら、辞める前にぜひやってほしいことがあります。
辞める前の３カ月間、上司や同僚に誠心誠意関わり、与えられた仕事に全力を尽くすこと。

これを、手を抜かないでやり遂げてください。

それによってあなたは、「イヤだなぁ」と思って過ごしてきたこれまでの時間とは、まるで質の違う時間を体験するでしょう。

「辞めるのに、いまさらバカらしい」と思ってはいけませんよ。このときがんばるのは、自分のためなのです。

「逃げ出したい」と思っていたマイナスのエネルギーをプラスに転じるため、「私はやるだけのことはやった。この職場での人生に花丸をあげて転職します！」と言えるようになるためです。

エネルギーがプラスに転じてからの転職は、必ずステップアップできます。

あなたの中に「自分から進んで行動し、新たな世界を築こう！」という覚悟が生まれて、もう、余計な迷いや被害者意識を抱かなくなるからです。

「転職をするなら、プラスのエネルギーで！」を必ず守ってくださいね。

もし、あなたがプラスのエネルギーに満ちあふれ、すでに〝新しく挑みたいこと〟

を見つけてウズウズしているとしたら……。

あなたのスキルは十分に磨かれて、やる気も満々のはず。

「新しい世界で自分の力を試し、さらに飛躍するために職を替える」という姿勢は、とても前向きです。

そんな気持ちになったときは、まさにチャレンジのとき。

一度しかない人生です。思い切り羽ばたきましょう！

新しいことにトライしたいのですか？
それとも単純に、
目の前の仕事から逃げ出したいのですか？
自分にまず、問いかけてみましょう。

# 自分自身に「時間」と「お金」を投資する

お金に関する、こんなたとえ話があります。

あるところに、魚を釣って、その魚を食べて生きている村がありました。

その村ではほとんどの人が、竿を1本しか持っていません。

竿が1本しかないことに不安を覚えた村人は、釣って釣って、釣りまくりました。

とうとうその竿が壊れたとき、いざ、蓄えておいた魚を食べようと貯蔵庫を開けてみると、山のようにあった魚はすでに腐っていました。村には冷凍の技術がなかったのです。

しかも、1本しかない竿が壊れてしまったので、新しく魚を釣る手立てもなく、村人たちは途方にくれてしまいました。

ところが、ひとりの漁師は、みんなが目の色を変えて大量の魚を釣っていたとき、黙々と竿づくりに励んでいたのです。

それで無事に、魚を釣り続けることができました。


この物語が教えてくれること。

それは、魚（お金）を確保することより、魚を釣る手立て（お金を稼ぐ手段）を確保しておくことがいかに大切かということです。

魚を釣る手立てを数々持っていれば、必要に応じて魚を釣ることができるから。

つまり、「いかにして自分の潜在能力を引き出すかがポイントですよ」ということなのです。


自分の潜在能力を引き出すには、自分に〝生きた投資〟をしなければなりません。

そのためには、お金も時間も必要になるので、それなりの決断と勇気が必要です。

私はこう考えました。

自分が働いて得たお金は、「貯め込むため」にあるのではなく、「自分を生かすため」にあるのではないだろうか。

もし、そうやって「うまく生かされた自分」が、「次のお金を生む自分」になっていったら、そのほうがきっと人生はおもしろくなる……と。


私が自分にした最大の投資は、25歳のときの〝アメリカ留学〟でした。

その1年半で貯金をすっかり使い果たしましたが、チャレンジしただけのことはあったと思います。

圧倒的に視野が広がって狭い自分の殻を破ることができたから。そして、自分の努力で人生を切り開いていく気構えができたからです。

「将来が心配だから、とにかくお金を貯める」というのは、たしかに大事なことかもしれません。

でも、お金は「自分の心と、ひいては人生を豊かにするモノ」であることも事実。

そのことを忘れず、〝賢いお金の使い手〟になりましょう。

くれぐれも、お金が「人生を楽しくする」ものではなくなって、「人生を縛る」ものにならないように気をつけてくださいね。

あなたがお金を稼ぐのは、〝生活〟を豊かにするばかりではなく、〝心〟を豊かにするためなのです。

〝生活費〟と〝夢を実現するための投資〟、このふたつのバランスを上手に取りましょう。

いまの自分に投資することは、いまの自分に希望を与えるということなのです。

お金は、「貯める」ためにあるのではなく、
「自分を生かす」ためにあります。
〝生かされた自分〟こそが、
次の〝お金を生む自分〟を
つくっていきます。

# どうしても人と比べてしまうときは、こんな〝プラスの比べ方〟をする

子どものころ、「○○ちゃんは新しいおもちゃを持ってる。私もほしい！」と人をうらやんで、「人は人、自分は自分よ」と親に叱られたことはありませんか？

人をうらやましがることはよくない、と思っている人は案外多いようです。

ところが意外にも、「うらやましい」と感じることは、〝いいこと〟なんですよ。

「うらやましい」は、「ねたましい」と同じように使われることも多いのですが、それはちょっと違うんですね。

「うらやましい」は、もともとは、人を見て「自分もそのようにありたい」と願う気持ちの表れなのです。

人のことを本気で「うらやましい」と感じるとき、あなたの心には「私だって！」という熱いエネルギーがフツフツと湧き起こっています。

つまり、だれかを本気でうらやましいと思うことは、自分にもひと皮むけるチャンスがやってきましたというサインなのです。

しかもこのサインは、「あなたにもできます」という〝保証書〟つき。

だって、もしもあなたが、１００％明るくて、１００％無邪気だったら、明るい人や無邪気な人を見ても「うらやましい」とは感じないでしょう。

いまはまだ、あなたの明るさや無邪気さが50％くらいしか発揮されていないから、自分以上に発揮している人を見るとうらやましくなるんですね。

ということは、あなたには、まだ50％も成長する〝余地〟があるということです。その能力がなければ、羨望も関心も湧いてきませんよ。

心の底から「うらやましい」と感じたことを、「よーし、私にもできるんだ！」と思って行動に移してみましょう。

うらやましい人の〝素敵なところ〟から、いっぱい学べばいいのです。

「この人はどうしてこんなに輝いているんだろう？」「どうしてこんなことができるようになったんだろう？」と、細かく具体的にリサーチしてください。

その輝きの陰に、「人の何倍もの努力」「あきらめない気持ち」「感謝を忘れない謙虚さ」など、たくさんのヒントが見つかるはず。

それを片っぱしから真似ましょう。〝学ぶ〟の基本は〝真似る〟ことだから。

気をつけないといけないのは、「うらやましい」を通り越して〝ねたみ〟〝そねみ〟を生まないようにすることです。

それはドロドロしたとても重たいエネルギー。

ヘドロのように心にこびりついて、あなたを息苦しくするでしょう。

ヘタをすると、「意地悪したい」というゆがんだ感情を引き起こしかねません。

「うらやましい」という感情に〝自己否定〟という成分をまぜると、〝ねたみ〟が生じます。

そうならないためには、人をうらやましいと感じたとき、「私にはどうせできっこない」「あの人だからできたのよ」と自分を否定しないことが一番大切なのです。

もし、自分は少しねたみっぽいかもしれないと思ったら、うらやましさを素直に伸ばすように努めてくださいね。

それは自分にもできるというサインと信じて、うらやましいと思った中身に、果敢にチャレンジしましょう。

「私にもできる！」と信じることから、すべては始まります。

あなたが「うらやましい」と思った人も、最初の一歩は、そこから始まったはずですよ。

「うらやましい」と思う気持ちは、
あなたの中に眠っている〝才能の卵〟。
素直にスクスクと育てましょう。

# Part 4

# ほんの少し見方を変えるだけで、人間関係に強くなれる

――「期待しすぎない」が、心地いい距離をつくる極意

# 「思っていること」を言葉で表現する

「あのときはうれしかった、ありがとう」
「私がいけなかったの、ゴメンナサイ」
「あなたのこと、大好き」……
あふれる思いを伝えたいけれど、なかなか素直に伝えられない。そういう人が大勢います。

あなたが、あふれる思いを伝えることに躊躇してしまうことがあるとしたら、どんな反応が返ってくるのか、まるで自信がないからですか？
それとも、「笑われたり、軽べつされたらどうしよう」「よろこんで聞いてくれるかな?」「受け入れてくれるかな?」……と考え込んでしまうからですか?

あれこれ結果を気にし始めると、思いを伝えることはとてもハードルが高くなってしまいます。

あなたが思いを伝えたいと思ったならば、本当は〝結果〟なんてどうでもいいのです。

結果を気にするのは、相手に期待しているから。

期待は、実は〝見返り〟を当てにする気持ちなんですね。

でも、あなたが伝えたいと思った「ありがとう」「ゴメンナサイ」「大好き」は、素直な気持ちがあふれた言葉のはず。

素直な気持ちがあふれた言葉は、愛の言葉。

愛は〝あげっぱなし〟が原則ですよ。

だから、結果も見返りも考えないで、心臓がバクバクしても、いますぐ素直な気持ちを伝えましょう。

家族や身近な人に素直な気持ちを伝えたいと思うけれど、照れてしまって言い出せない場合があるかもしれません。

でも、そのまま、「いつか言えばいいや」と放置しないでくださいね。

もしかしたら二度と言うチャンスが巡ってこないことだってあるからです。

大げさでなく、人生はいつ何が起こるかわからないし、伝えたいと思ったときが、ベストタイミングなんですよ。


「もし、伝えられないまま、二度と会えなくなったら後悔するだろうな」と思ったら、それは〝大切な気持ち〟という証拠。

それを聞くことのできた相手は、きっとあなたが思っている以上によろこぶでしょう。それを機に、より深い心の交流が生まれることもあるのです。

面と向かって言いにくいときは、メールやカードなどで伝えましょう。


私は「生涯忘れない」と思うメッセージを受け取ったことがあります。

それは、手づくりの品に添えられた一枚のカードでした。

『今日は特別な記念日ではないけれど、私の思いがいっぱい溜まったときが、贈りどきだと思って贈ります。あなたはもう、覚えてないかもしれませんが、出会ったときにかけてもらったひと言が、私の人生を変えました。ありがとう――』

何年も心にあった思いを伝えてくれたことに感激して、涙がこぼれました。

そして、私のほうこそ、自分の存在価値をかみしめることができて心から感謝しました。

彼女のように、見返りを期待しない純粋な思いは、必ず相手に伝わると思います。

「思いがいっぱい溜まったときが贈りどき」……素敵な言葉ですね。

あなたも、自分の思いを伝えるタイミングを握りつぶさないでください。

それは、あなたの愛を閉じ込めないということだから。

愛は〝あげっぱなし〟が原則。
素直に「伝えたい」と思った言葉を
ただ伝えましょう。

# 「ほしい」ではなく「あげる」に意識を向ける

人から誤解されて、つらい思いをしたことはありませんか？

「ねえ、聞いて」

「そんなつもりじゃなかったのに……」

「どうしてわかってくれようとしないの！」

自分に背を向けた相手に、どうしても気持ちを伝えたくて必死に言葉を探したことはありませんか？


誤解した人が信頼していた相手だったり、心からわかり合いたいと思っていた相手だったら、なおのことショックも大きいでしょう。

もし、このまま気まずくなって離れ離れになってしまうのは、悲しすぎる……。

そう思ったら、なんとかしてあなたの胸のうちを伝える必要がありますよね。

でも、ちょっと待ってください。自分のことをわかってもらって誤解を解きたいのなら、その前にしてほしいことがあります。

それは、あなたが「自分は相手をどのくらいわかってあげようとしているか？」と考えてみること。

なぜなら、熱烈に「自分のことをわかってほしい」と思うときは、〝相手のことをわかろうとする自分〟が、どこかに消えてしまっていることが多いから。

わかってほしい気持ちが先に立つと、わかってもらうことばかりを求めて、それが満たされないと「私のこと、全然わかってくれない」と相手を責めてしまうんですね。

これまでのいきさつを、冷静に振り返ってみましょう。

あなたが「よかれ」と思ってしたことで、相手にとっては何かよくないことを招いてしまったわけです。

相手は気分を害して、あれから口も聞いてくれない。

あなたが「よかれ」と思ってした気持ちを、少しもわかろうとしてくれない。

あなたは「そんなつもりでやったんじゃない。たまたまこうなってしまっただけ」と伝えたいと思っています。


ここなんですね。

先に「わかって、わかって」と思いをぶつける前に、「相手はいま、どんな気持ちでいるんだろう?」と想像してみましょう。

もしかすると、「信じていたのに、あんなことをするなんてあんまりだ」と怒って、深く傷ついているかもしれません。

あるいは、「この窮地をどうやって乗り切ろう。どうしよう、どうしよう……」とうろたえて、あなたのことを考える余裕がないのかもしれません。

相手がいま、どんな心境でいるかを察しましょう。それを、まず自分が理解しようと努めてください。

これが、あなたがまっ先にすることですよ。

相手が心を閉ざしているのは、それなりの理由があるからです。

むしろ相手のほうが、あなたに「気持ちをわかってほしい」と切実に思っているかもしれないのです。

あなたが「相手はいま、私のせいでとても傷ついて悲しんでいるから口をきかないんだ」とわかったら、それを詫びる気持ちを一番に伝えてくださいね。

最初に相手の気持ちを受け止めて、それから「私の気持ちを聞いてくれる？」とお願いすればいいのです。

相手がうなずいてくれたら、「誤解させたかもしれないけれど、傷つけるつもりはなかったの。私は……」と、落ち着いて胸のうちを伝えましょう。

相手の気持ちをわかってあげる。それから自分の気持ちを伝える。この順番を間違えなければ、きっと気持ちをわかり合えますよ。

これは、あなたが「うかつにも相手を傷つけてしまった」場合も、「あなたが相手によって傷つけられた」場合も同じです。

生きていれば、心が行き違ったり、誤解が生じることはあるもの。

そんなとき、たとえ相手が感情的になっても、あなたは自分の気持ちをいったん横に置くことができるようになりましょう。

そのためには、一時の感情に呑み込まれないようにして、相手の気持ちを優先して考える余裕を持つこと。

それができるようになることが、すばらしいことなのです。

「わかって、わかって」の前に、

「自分はどのくらい相手のことをわかってあげられているのか」

それを考えてみましょう。

# 自分に嘘をついてまで「いい人」にならない

食事、旅行、イベントなど、さまざまな誘いを受けたとき、気が乗らないのについ断り切れなくて、あとで歯がゆい思いを……。

仕事やコミュニティ内で頼まれごとをしたとき、「そんなのムリ！」と思ったのに、「あなたならだいじょうぶ」と強引に押し切られて、大変な目に……。

そんな経験はありませんか？

お誘いや頼まれごとが多いということは、あなたが周りの人から好かれ、信頼されている証拠かもしれません。

でも、それで気が重くなったり、責任感に押しつぶされそうになったら、それ自体を楽しめないし、かえってユウウツの種になってしまいます。

そんなときはどうすればいいのでしょうか？

答えは簡単。

「自分の心に正直になる」しかありません。

心の声に耳を澄ませてみてください。

「断りたくないから、断らない」と言っていますか？

それとも「断りたいけど、断れない」と言っていますか？

職場では、多少のムリを押してもやらなくてはいけないことがたくさんあるでしょう。

でも、プライベートでは、「自分の心に正直になる」ことはとても重要です。

心の声は「断りたい」と言っているのに、周りに流されると、貴重な人生の時間が人に振り回されて消えていってしまいます。

その結果、「自分が自分でいられない」「自分の人生を生きられない」ということになってしまうんですね。

それが苦しみを生む原因になるのです。


心の声にしたがって納得して決めたことなら、少々大変な目にあっても、「これは自分の人生に降りかかった試練」と受け止めて、立ち向かうことができるでしょう。

でも、心の声とは裏腹の選択をすると、不本意な目にあうたびに、「あれを引き受けたばっかりに……」と後悔したり、逆恨みして余計な苦しみを抱えてしまうんですね。


周りに流され始めたらキリがありませんよ。

「あの人は断れない人」と思われたら、それこそ頼まれ事は「今回だけ」ではすまないでしょう。

自分が正直に「イヤだ！」と感じたことは、どんなに熱心に誘われても、はっきり断る勇気を持ちましょう。

〝一瞬の勇気〟が、それからの心の平安を守ってくれるのです。

では、どうやって断るのがいいのでしょうか？

残念ながら〝魔法の言葉〟があるわけではありませんが、「相手を傷つけないように断る」というのを自分のルールにしましょう。

「断るときは、必ず自分を理由にする」と覚えておいてください。

もしあなたが、「あなたの誘い方は気が進まないから」「あなたはいつも物事を押しつけるから」と断る理由を〝相手〟のせいにすれば、気まずくなるだけです。

そこで〝私〟を理由にして、「いま私にはその余裕がないから」「今回はどうしても気が乗らないから」と断るようにすればいいのです。

それでも「絶対にやらせたい！」と強引な人は、どんな断り方をしたところで怒るもの。

それはもう対処できないし、そんなふうに相手をコントロールしたいだけの人とは離れたほうがいいと思います。

言い方を換えれば、相手の立場を思いやりながらきちんと「NO」が言えたとき、自分が〝本当に大切にすべき人〟がわかるのです。

心が「NO」と言っているのに
自分の心に背を向けていませんか？
そういうことをしていると、いつまでたっても
〝私の人生〟がスタートしません。

# 「自分を傷つける言葉」を捨てる

「人の悪口を言いたくなる気持ち」は、すごくやっかいなもの。

「あの人のさっきの態度、ひどくない？」「彼女って、いっつもそうなのよ」……

気に入らない人の悪口をぶちまけると、スッキリすることがあるからです。

それだけではありません。ワイワイ悪口を言い合うことで、妙な連帯感が芽生えることもあります。

『人の悪口は〝蜜の味〟』と言われるのは、このように、悪口が日常生活で溜め込んだイライラの格好のはけ口になるからなんですね。

生まれてから一度も人の悪口を言ったことがないという人は、おそらくいないと思います。

でも、つい口にしたあとで、「ペラペラ悪口を言う自分ってイヤだな」と感じたり、「もう人の悪口はやめよう」と思ったことはありませんか？

人の悪口を言うことは、どうしていけないのでしょうか。

人の心を傷つける行為だから、というのは当然ですが、実は、自分の心を傷つける行為でもあるからです。

「人の悪口なんだから、自分を痛めつけることにはならない」と思っているとしたら、大間違いですよ。

自分を大切にしたいなら、それは一番してはいけないことなのです。

悪口によって放たれるエネルギーは、愛とは正反対のとても〝ネガティブ〟なエネルギーです。

あなたが、悪口を言ったり、人の悪口に同調して心の中で賛同したりすると、心にネガティブなエネルギーが充満します。

その回数が増えれば増えるほど、あなたの中から愛が締め出される時間が長くなって心がすさんでいくんですね。

それが知らないうちに、あなたの目つきや雰囲気を変えてしまうのです。

今日から、キッパリ悪口を言うのをやめましょう。

それには、悪口がポロッと出た瞬間に「ハッ！」と気づくことが大事です。

気づいたら、だれかと話している途中でも悪口をストップすることですよ。

悪口を言わない自分になるために、この3つを心がけましょう。

●自分からは、絶対に悪口を言わない。

●周りの人が悪口を言い始めても、聞き流す。たとえあいづちでも同調しない。

●悪口が始まったらうまく話題を切り替えて、もっと楽しい話題を提供する。

これを守って「自分を傷つけるようなことは、もうしない」と思っていれば、そのうち自然に悪口は出てこなくなるでしょう。

するとと不思議なことに、悪口を耳にすることも減っていくんですね。

なぜかというと、周りの人は〝自分を映す鏡〟だから、自分が悪口を言わないと決めれば、悪口を言う人のほうから離れていくのです。

一般に、悪口を言うときは、相手のいい部分は「見ない」ことにして〝あら探し〟をしますが、悪口をやめると〝ありのまま〟を見ようとします。

すると、相手の立場や心情を、それまでよりもずっと理解できるようになるんですね。

理解できれば、そのことを伝えたくなるし、心情を察すれば、相手をフォローしたくなるもの。だってそうするほうが自分が気持ちいいからです。

どうして気持ちいいかというと、心に〝思いやり〟という愛が広がるからです。

こうして、あなたが放つエネルギーが思いやりに変わると、『類は友を呼ぶ』と言うように、今度は愛にあふれた人たちが引き寄せられてきます。

そして、「あの人には、こんないいところがあるよ」「あれはあれで楽しかったじゃない」といった明るい会話が生まれるでしょう。
それは、悪口とは正反対の〝いいとこ探し〟が大好きな人たちの愉快な世界。
それがあなたの世界になるのです。

「自分にイヤなことはさせない」
それが、
かけがえのない自分への愛です。

# 人に愛されるには、まず自分から愛すること

ひとり、孤独な女性がぼやいています。

「私は美人じゃないし、女の子らしい服装やしぐさも苦手。いままでモテたためしがない。ああ、一度でいいから、だれかに本気で愛されたい……」

もうひとり、美人で恋人候補は引きも切らない女性がぼやいています。

「好きでもない人からチヤホヤされても、ちっともうれしくない。本当に好きな人ひとりに、死ぬほど愛されたい……」

どちらも、「深く愛されたい」という思いはとても強いのに、それが叶わなくてさ

みしげに見えます。

あなたが、だれかに本気で愛されたいと思ったら、答えは明確!

〝本気で愛する自分〟になればいいのです。


『ブーメランの法則』をご存じですか?

人生は、〝自分が放ったもの〟が返ってくる。言い換えれば、人生に起こるありとあらゆるものごとは、すべて〝自分から出たもの〟なのです。

もしあなたが、だれかに憎しみを放てば、他のだれかから憎しみが返ってきます。

もしあなたが、人の悲しみに無関心でいれば、自分が悲しいときにも無関心が返ってきます。

その反対に、あなたが本気で人に愛を注げば、自分にも愛が返ってきます。

もっと言うなら、自分から愛さなければ、愛は育つこともないし、返ってくることもないんですね。

だから、答えは明快です。〝愛される自分〟になりたかったら、まず、〝愛する自分〟になりましょう。

勘違いしてはいけないことは、「愛されたいから、愛する」のと、「愛したいから、愛する」のは、同じではないということ。

自分が「愛されたい」がためにする行為は、どうしても〝やさしさの押し売り〟になってしまいます。

それは、〝愛している素振り〟にすぎません。なぜなら、見返りを求めてすることは、どんなに尽くしても「愛している」とは言えないからです。

愛は、あなたが「相手のために何をしてあげられるか」と真剣になると相手の胸に響き、逆に、「私のために何をしてもらえるか」とねだるとたちまち姿を消してしまうものなのです。

自分が持っているものを、ただ与える。特に大切に思っているものを、時間でも、労力でも、惜しみなく与えられる。それが愛するということ。

見返りを願わず、「愛したいから、ただ愛する」ことを心がけてください。

たしかな愛を育てていくために、自分の言動が〝愛〟から発しているかを、たえずチェックしましょう。

次の3つのことを問いかけて、いつも「愛する自分」に立ち返るようにしてくださいね。

●自分の気持ちや都合より、相手の自由を尊重していますか?

●相手のことを疑わず、心から信頼していますか?

●何も見返りを期待しないで、愛を差し出していますか?

これが、あなたが深く愛されるようになる一番の近道です。

「まず、自分から愛しましょう。
人は、愛した分だけ、愛されます。」

# 相手の幸せを、自分のことのようによろこぶ

恋をすると、「相手を一日中ひとり占めにできたらうれしいな」なんて、思いますよね。

ムクムクと独占欲が湧いてきて、「いつも一緒にいて！」「恋人なんだから、休みの日は必ずデートして！」と相手に求める気持ちが強烈になります。

問題が生じるのは、「相手も自分と同じように、何よりも自分を優先してくれるもの」と思い込んだとき。

そこで彼が、仕事や趣味、友だち同士の約束など、自分が入り込めない世界を優先すると、怒りと悲しみが込み上げてきます。

思わず彼を責めたり、思い切りすねたりしてしまうかもしれません。

私も若いとき、「自分の誕生日は、恋人は一緒にいてくれるもの」と思い込んでいたので、「仕事の都合がつかない」と言われたときは、「仕事と私とどっちが大事なの！」とケンカになってしまいました。

ままならない相手にヤキモキする気持ちはよくわかります。

でも、あなたがいまの恋人を失いたくないのなら、自分の気持ちにこだわって求めてばかりいないで、相手を優先することを学びましょう。


それはわかるけれど、求める気持ちを抑えるなんてムリ……と思いますか？

だいじょうぶ！　ムリなく独占欲をすっぽりと包んでしまう方法を教えましょう。

それは「ふたり分の人生を楽しむ」こと。

自分の人生だけでなく、彼の人生も、自分の分として楽しむのです。

「私は、この体でひとつの人生しか生きられない。だから私の代わりに、彼が、彼の体を使って、もうひとつの人生を生きてくれている」と考えてみましょう。

でも、24時間べったりくっついて見ているわけにはいかないから、「ふたりが別々に過ごすときは、彼の人生は彼に任せよう！」と割り切ります。

つまり、あなたは〝とっておきのもうひとつの人生〟を彼に委ねたんですね。

これは、恋人であるあなただけの特権。

恋人にもうひとつの人生を任せて、あなたはそこで起きることと、そこにいる彼に興味津々でいればいいのです。

たとえば、彼がスポーツに夢中で、休日は、練習や試合にとられてしまうとしたら、「私のことなんて二の次なんだ」とひがまないで。

たとえそのスポーツに興味はなくても、それに夢中の彼には興味津々なのだから、彼の気持ちをもっと理解するために、その魅力を尋ねましょう。

自分が好きなものごとについて聞かれれば、彼はうれしそうに一生懸命説明してくれるはず。

そんな彼のワクワク感を理解して一緒によろこび合えたら、彼はそんなあなたをますますいとおしく思うでしょう。

立場を逆にして考えればわかりやすいと思います。

あなたがどうしてもやりたいと思うことに、もし彼が無理解だったら、悲しくなりませんか？

いまがチャンスと思って進みたいときに、もし彼が足を引っ張るようなことをしたら、頭にきませんか？

逆に、もし心から応援してくれたら、うれしくなって彼への愛も深まるでしょう。

「彼を通して、彼の人生も自分は生きている」と考えれば、「好きなことを思いっきりやってね。私、応援するから」と、きっと素直に言えると思います。

彼のよろこび、興奮、苦しみ、ショックを、自分のことのように感じることができてはじめて、あなたは恋の先にある〝愛の世界〟に足を踏み入れることができるのです。

彼と会えない日は、瞳をキラキラさせてうれしそうにしている彼の姿を思い浮かべて、〝もうひとつの人生〟にエールを送りましょう。
その時間に、あなたの愛は深まっていくんですよ。

「体と体の距離よりも、
心と心の距離が縮まらなければ
幸せな恋はできません。」

# 人間関係に迷ったら、思い切って離れてみる

「彼とはケンカばかり。お互いの気持ちが空回りして、好きなのにうまくいかない。恋ってこんなに疲れるものなの？」

恋って疲れる……そんなつぶやきをたびたび耳にします。

つき合い始めたころは、一緒にいるだけで楽しくて、あんなにときめいてふたりとも夢中だった……。もう、あのころには戻れないのかしら……。

あなたがちょっぴり恋に疲れて、「彼とはもうダメなのかなぁ」と不安を感じているとしたら、心配しなくてもだいじょうぶ。

あなたの恋は、たぶん〝第一幕〟が終わろうとしているだけですよ。

これまでは、だれもが経験し、通過する、「恋に恋する」気持ちだったのかもしれません。

「恋とは、こうあるべき」という理想を抱いて、自分の恋を、それに当てはめようとしていませんでしたか？

たとえば、映画の中の恋人のように、デートのときは車で送り迎えをしてほしい。友だちは、恋人からいつも『愛してるよ』と言ってもらっているから、私にもそうしてほしい……。と〝理想の恋人〟を押しつけて、「こんなところが足りない」と勝手に不満を募らせていませんでしたか？

自分も映画の中の恋人のように、いつもかわいい女でいなくちゃ。手料理をつくってあげるとよろこぶって友だちが言っていたから、私もやらなくちゃ……。と〝理想の恋人〟を演じようとして、心がすり切れていませんでしたか？

あなたが抱いている理想の恋のイメージは、言ってみれば〝借り物のイメージ〟。人の恋をなぞっているだけなんですね。

自分に合わない恋は、体に合わない服と同じで窮屈です。

「恋に疲れてしまった」のは、「こうあるべき」と思ったスタイルが合っていない。

ふたりはムリをしています、というサイン。

そんなときは、頭を切り替えていったん幕を下ろし、「恋に恋する」自分をキッパリ終わらせましょう。


恋愛は〝恋心〟に始まり、それが〝恋愛感情〟に移行して、そこから〝愛〟が育っていきます。

人の恋をなぞっていたら、いつも比べてばかりで、自分たちの愛を育てることはできません。理想の恋人を真似るのではなく、生身の彼と、生身の自分をさらけ出して、そこから誠の愛を育んでいってください。


そして、自分たちにジャストフィットの恋を目指す。

それがあなたと彼の〝第二幕〟です。

本音を語り合い、心の底から笑い合い、信頼し合える関係を築きましょう。

「彼らしさ」と「自分らしさ」を何よりも尊重して、〝他のだれでもない彼〟の気持ちや好みの一番の理解者に、〝他のだれでもないあなた〟がなるのです。

そこにいるのは、いつも等身大のふたりだから、もう、疲れてしまうことはありませんよ。

ふたりが本当の愛を育むことができたら、心からの安らぎを感じると同時に、これまでにない勇気を得るでしょう。

ふたりの前に立ちはだかるどんな問題も、力を合わせて乗り越えようとする力が湧いてくるからです。

愛を育てるのはこれから。
次の幕が開くまで、
しっかり心の準備をしましょう。

# 「言葉」ではなく「行動」で判断する

恋に落ちると、彼のことで頭がいっぱいになって、彼からの電話やメールの返事がちょっとでも途絶えると……。

「彼は私のことを、本気で愛してくれているのかしら？」

「私、何か嫌われるようなことをうっかりしていないかな？」

「彼の周りには、私よりも素敵な子が大勢いるし、いつか私から気持ちが離れて、他の子を好きになってしまうかもしれない」

そんなことを考えてしまうのは、仕方のないことかもしれません。

彼のひと言に一喜一憂し、メールの回数を数える。1日5回なら「すごく愛してる」、2回なら「ほどほどに愛してる」と、頭にインプットしたデータに照らし合わせて愛を測る。何分でメールが返ってくるかが、ものすごく気になる！

こんなことは、度がすぎれば苦しくなるのは当たり前。

だって、すべてが自分の思うようになるなんてことはあり得ないからです。

もし、あなたに少しでもそんな傾向があるとしたら、あなたは〝頭〟で恋をしていませんか？

道を渡るとき、何気なく背中に回してくれた手に、ふっと愛を感じるのを忘れて、「僕が守ってあげる」と言葉で言ってくれないと満足できないあなたになっていないでしょうか……？

回数にこだわり、言葉を求める恋は、〝頭〟でする恋。

頭を満足させるためのアクションを恋人に求め出したら、いずれ相手は疲れてしまうでしょう。「どうして僕の気持ちを信じられないの？」と苛立ち、恋心が冷めてしまうかもしれません。

逆の立場から考えてみましょう。

あなたが彼のことを大好きでも、「いま、きみは何をしてる？」と1日に5回も10回もメールがきて、どんなに忙しくてもすぐ返信して「あなたのことで頭がいっぱいよ」と答えないとさみしがる彼を、愛し続ける自信がありますか？

何気なく言ったひと言を、いちいち深読みされて問い詰められたら、そんな彼の愛を信じることができますか？

大切なのは「感じる」こと。ハートで恋をしましょう。

ためしに1週間、彼が言葉以外で伝えようとしていることを、全身全霊で感じ取ろうとしてみてください。

もしもまったく愛を感じられなかったら、残念ながら、彼はあなたを愛してはいないと思います。見せかけのやさしさに振り回されれば、傷つくのはあなたです。

その恋は終わりにしましょう。

その反対に、たしかな愛が伝わってきたなら、自分が愛されていることを素直によろこび、彼に感謝して、その恋を心から大切にしてください。

もう、頭であれこれ考えて、心に不安を呼び込まないことですよ。
よろこびと感謝に満ちている心に、疑惑を持ち込んではいけません。
「この恋は成就するかしら？」と考えるのも、せんないこと。
いまある幸せを、今日も、明日も、あさっても、感じ続けましょう。
よろこびと感謝を毎日積み重ねて、恋は成就していくのです。

「頭で考えて」恋をするのはやめましょう。
大切なのは、「ハートで感じる」こと。

# つらいこと、悲しいことも きちんと受け止める

「彼こそ、運命の人！」と信じてつき合い始めても、いつのまにか心がすれ違って、つらい結末を迎えてしまった……。

別れを望んだわけではないのに、相手が自分のもとを去ってしまった……。

どんな経過をたどっても、痛みを伴わない〝恋の終わり〟はありません。

それはいつも悲しくて、さみしくて、胸を万力でキリキリ締めつけられるみたいに苦しいものです。

私も、最初の結婚が破局したときはとても苦しみました。自分が裏切られていたことを知って、心がズタズタに切り裂かれてしまったのです。

その一方で、そこから立ち直るのに時間はかかったけれど、「人生に乗り越えられない試練はない」ということを学びました。

もし、あなたがいま、失った恋に胸を痛めているとしても、だいじょうぶ。乗り越えられない体験はありませんよ。

1日も早く失恋の痛手から立ち直るために、あなたにしてほしいことがあります。

それは、新たな一歩を踏み出すためにとても大事なこと。

あなたの愛が真実ならば、相手が去っていく自由をあげましょう。

それは、あなたが彼にあげる〝最後のギフト〟。

「去りゆく自由をあげる」という〝無償の愛〟をプレゼントして、その恋を卒業するのです。

恋の終わりに、見返りを求めない愛を捧げることで、あなたは〝愛の人〟へのステップを駆け上がることができます。

失った恋を愛で締めくくれば、心の傷も、胸の痛みも、より早く癒すことができるでしょう。

それでもしばらくは、彼との幸せな日々が思い出されて苦しいかもしれません。

そのたびに未練に涙して、「私のどこがいけなかったんだろう」と自分を責めてしまうかもしれません。

でも、そんな感情にドップリ浸っていてはいけませんよ。

「私は彼に『離れていっていい』という自由をあげて、この恋を卒業するのだ」と、自分に何度も言い聞かせましょう。

ただし、胸の痛みを無視したり、何でもない素振りをしたり、つらい感情を溜め込むことだけはしないでくださいね。

悲しいなら涙がかれるまで泣いて、怒りが込み上げたら罵詈《ばり》雑言《ぞうごん》を叫んで、上手に感情を逃がしましょう。

風船の結び目を解くと、中の空気がシュルシュルと抜けて風船がしぼんでいくでしょう？　それと同じで、心からつらい感情をシュルシュルと抜いてしまうのです。

それをしないと、心はいつかパンクしてしまうから。

心に巣くっている〝つらい感情〟をすべて吐き出すこと。
心の中で〝去りゆく自由〟というギフトをあげること。

このふたつを見事にやり遂げれば、心は必ず復活します。
そうやって新しい一歩を踏み出したあなたは、これまでになく輝きを増して、チャーミングな女性になっていることでしょう。

あなたの愛の証に、
その人に「去りゆく自由」をあげましょう。
それがあなたからの最後のギフトです。

# 自分を〝成長させる〟恋をする

あなたの周りにいませんか？

外見も中身も魅力的なのに、「どうしてこんな男と！」というような、ダメ男とつき合っている女性。

そんな女性に限って、早く別れたほうがいいと頭ではわかっているのに、ズルズルと恋愛関係を続けてしまうんですね。

私のところにも、そういった悩みを抱えた女性たちが相談にきます。

彼女たちは決まって、「あの人といても、きっと私は幸せにはなれない」と言いながら、「でも、彼は私がいないとダメなんです」「彼をわかってあげられるのは、私しかいないんです」と言います。

こういう恋にはまるのは、傍目にはしっかり者と見られている責任感の強い女性に多いようです。人から頼られるとイヤと言えない、心のやさしい女性たちです。

恋に〝正解〟はありませんので、たとえ周りが反対して「彼女はあんな男にはもったいない！」「彼は彼女にふさわしくない」と言おうと、当事者であるふたりが幸せならばそれでいい、と私は思います。

でも、本気で彼と別れたいと望んでいる女性には、少し厳しい言い方になっても、〝荒療治〟が必要だと思うのではっきり言います。

「ダメな男とつき合って、こんなに傷ついているのに別れられないのは、彼のせいではありません。すべてあなたの責任。あなたの弱さが原因なのです」と。

一般に、ダメな男ばかりを選んでしまう女性の心理には、「自分よりもダメな男といることで、自尊心を満足させたい。彼に必要とされることで、自信のなさを埋め合わせしたい」という気持ちが隠れているんですね。

その女性は自分のことを、弱い男性を庇護している〝強くて愛情深い女性〟と思っているのかもしれません。

しかし実態は、彼が彼女を必要としている以上に、彼女が彼を必要としているのです。彼とつき合うことで、自分の弱さを見なくてすむからなんですね。

そのことに気づくことが、弱さから脱するための最初の一歩です。

だからといって、弱い自分を責める必要はまったくありません。

だれだって弱いのですから。

自分の弱さを思い切り抱きしめて、心の深い部分で「自分の弱さを理解して包み込めるのは、自分しかいない」と知ること。

これが、ありのままの自分を受け入れるという、一番大事なことなのです。

こうして自分を知り、自分の弱さを受け入れた女性は、吹っ切れたようにイキイキして輝き始めます。

彼女たちは、「今度こそ幸せになる！」という強い意志を持って、傷をなめ合う関係から飛び立っていきます。

勇気を奮って歩き出した女性たちを待っているのは、もっとすばらしい恋でしょう。

あなたがそうやって再び歩き出したならば、次こそは「きみのこんなところが好きだから、もっと伸ばすといいよ」と、あなたを心から応援して高めてくれる相手を選びましょう。

お互いのよさを伸ばしながら、ふたりが成長していける恋愛。

「1＋1＝2＋α《アルファ》」の関係こそが、最高のパートナーシップですよ。

「一緒にいることで「高め合えるかどうか」、それがもっとも重要なことです。」

Part 5

# 明日、もっと元気になるために必要なこと

――心と体がよろこぶ毎日の過ごし方

# コンプレックスを隠すことに、貴重なエネルギーを費やさない

「顔のエラが張っていて、すごくイヤ」
「もう少し、鼻が高かったらなぁ」
「垂れ目だから童顔に見える」
……

自分の顔や外見は、本当に細かいところまで気になりますよね。

たとえば、今日のヘアスタイルが決まっていないことを気にし始めると、会う人、会う人が、みんなそんな目で自分を見ている……なんて思ってしまうもの。

でも現実は、世間の人はけっこう忙しいし、自分のことで頭がいっぱい。

あなたが思うほど、あなたのことを細かく見てはいませんよ。

実際には、「自分ひとりで気にしているだけ」「考えすぎ」なのです。

そのことを承知してくださいね。


そのうえで「もっとキレイになりたい」「変身したい」という気持ちが湧いたら、気軽にチャレンジしてみませんか。

最初に髪型を変えて、それから洋服の嗜好を変えてみましょう。

「自分にはこれは似合わない」なんてビクビクしないで、新しい自分を発見することを楽しむのです。

自信がなかったら、あなたのことをよく知っている友だちにアドバイスしてもらうといいかもしれません。

それで、もし新しいスタイルに馴染めなかったら、「前のスタイルがやっぱり私には似合っているんだわ」と改めて自信を持てばいいこと。

もしとても気に入ったら、自分をアピールする世界が広がったということ。

どっちに転んでもソンはありませんよ。

大切なのは、あなたが「ときめく」こと。自分を鋳型に押し込めないで、〝おしゃれ〟というジャンルで冒険することにときめきましょう。

でも、心の中で「どうせ私なんか……」と、自分を否定したままでいると、何をやっても単なる気休めにしかなりません。

たとえば、髪型を変えて新鮮な私にときめいたとしても、じきにそのスタイルに慣れてつまらなくなる。すると、また代わり映えのしない自分を感じて、以前と同じ〝コンプレックスの塊〟に戻ってしまうんですね。

「体」と「心」と「魂」の全部があなた。この3つが見事に調和して輝くときが、あなたが一番キレイで魅力があふれるときなのです。

あなたが本当の変身を遂げて、自分の魅力を認めることができるように。

キレイの『ホップ・ステップ・ジャンプ』を実践しましょう！

最初に「体」。

ドキドキ、ワクワクしながら外見を磨きましょう。

〝おしゃれ〟を楽しむ。それが『ホップ』。


次に、「心」。

〝おしゃれ以外の好きなこと〟にときめきを覚えると「心」がキラキラしてきます。

趣味でも、仕事でも、サークル活動でも、何か心が躍るようなことを始めましょう。

行動する楽しみを得る。それが『ステップ』。


最後は「魂」。

外見や中身にそれなりの自信が芽生えてくると、自分の存在を好きになり、自分のよさを認め直すことができるようになるんですね。

すると、本来のあなたである「魂」が輝き始め、オーラがグンと大きくなります。

自分を愛さずにはいられなくなる。それが『ジャンプ』。


ここまでくれば、もういちいち人の目を気にすることはなくなりますよ。

「私は私」と思えるようになって、黙っていても人を惹きつけるようになるでしょう。「近頃、すごく素敵ね。何かあったの？」と、周りからうらやましがられるあなたの誕生です。

コンプレックスを隠すことに
貴重なエネルギーをつぎ込むのはやめましょう。
それより、
「体」「心」「魂」のおしゃれに時間をかけましょうよ。

# 「小さな満足」を積み重ねて、賢く、美しく生きる

10代をあとにするのが残念でならなかったり、20代の終わりを沈鬱な気持ちで迎えたり……。

女性は若いときから自分の年齢をとても気にするようです。

私はいまでこそ年を重ねることを楽しめるようになりましたが、40代までは、加齢を必要以上に恐れていました。

始まりは30代。

〝失っていくもの〟ばかり見て、肌のツヤや体力の衰えを憂いていたのです。

20代にはなくて30代にしかないモノ、〝年齢を重ねることで得られるもの〟をまっ

たく見ようとしませんでした。

いま振り返れば、〝若さの恩恵〟以外に、自信を持てるものがなかったからだと思います。

40代が終わるころになって、私はようやく腹をくくりました。

「生きた分だけ年をとっていくのは当たり前。その分、衰えていくのは仕方のないこと。もう、目に見えるものにこだわるのはやめよう」と。

自分が失っていくものに執着して〝若く見せること〟に固執すると、心のほうがどんどん老いていってしまうと感じたのです。

いまの年齢でしかできないことをやって楽しむ。いまの自分を心から慈しむ。それを忘れると、内面の輝きはくすんでいく一方です。

これは、どの年代でも言えることだと思います。そういう心のゆとりをなくしてしまうことが、本当に「もったいない」ことなんですね。

あなたが生きている間、あなたの未来は続きます。

未来には、いつも希望の目を向けて、年齢とともに円熟していく人生を謳歌してください。

恋愛もそうですよ。

20歳そここの恋と比べたら、30代の恋は、人生経験を積んだ分だけ、心豊かに関わることができるはず。味わい深い恋をしましょう。

別の見方をするならば、年齢は数字でしかないんですね。

人生を〝数字〟で仕切って管理しようとすると、心がどんどん不自由になります。「いくつまでに結婚しなければ」「いくつまでに子どもは産むべき」と追い立てられて、焦るばかりで楽しく過ごせなくなってしまいます。

数字は、もとをただせば世間の目安、便宜上のものなのです。あなたが幸せをつかむ時期を、数字で決めることはありませんよ。

「結婚したい」「もう一回、勉強しなおしたい」「新しいことを始めたい」など、本当にそうしたい気持ちがあれば、年齢にとらわれる必要はまったくありません。

私は、適齢期を逃すまいと27歳で結婚しました。ところが、人生にいろいろなことが起こって離婚し、再婚したのは50歳です。

しかも、再婚相手は、ひと回り年下。

年の差を気にして、何年も結婚に踏み切れずにいました。

でも、考えたんですね。「だれのための結婚？　私はやっぱり彼と残りの人生を歩きたい」って。その気持ちを貫いて本当によかったと思っています。

私はいまが一番幸せです。

それこそ、あらゆる数字にとらわれなくなって「心が自由を得た」のだと思います。

何度も言いますが、大切なのは「数字よりも心」です。

あなたが何歳なのかが重大なのではなく、いつでも、あなたがいかに幸せに生きているかが重大なのです。

私たちは、満足を積み重ねた分だけ、自分を好きになっていきます。

それぞれの年代で〝ひと味違う自分〟に満足して生きていきましょう。

そうすれば、年齢とともにきっと幸せが深まっていきますよ。

人生は、その年齢になってみないとわからないことが
いっぱいあります。
あなたがそれを最大限に楽しめれば、
生きていくのはそれだけで
十分におもしろいのです。

# 体型を気にする前に、〝心の贅肉〟を落とす

女性ならば一度や二度は、ダイエットの経験があるのではないでしょうか。

「1キロやせた。やったぁ！」と楽しんでやるなら、どんどんやってOK！

「まだやせられない……」と苦痛に顔を引きつらせて悩むくらいなら、やらないほうがいいと思います。


やせられない自分を責めるよりもはるかに大切なことは、そのままの自分を愛してあげることだからです。

「やせたい＝モテたい」と思っているのなら、ちょっと頭を切り替えて。

「ちょっぴり太めだって、私は十分かわいい。こういう私を好きと言ってくれる人を

引き寄せよう」と考えませんか。

もしあなたが、ダイエットをしては失敗しているとしたら、よく聞いてください。

あなたの美しさは、外側にあるのではなく、内側にあるのです。

でも、その美しさは〝心の目〟でしか見られないから、いくら鏡に映しても見つかりません。

目を閉じて、心の目で自分が内側に秘めている輝きを見つけましょう。

それをひたすら繰り返すと、自分を「ミニクイ」と思う心が消えていきますよ。

これが〝心のダイエット〟です。


そのままの自分を、自分がいとおしんで受け入れさえすれば、太っていてもやせていても、あなたはとてもチャーミングな女性になれるのです。

そのうえで、「やっぱりやせたいからダイエットしよう」と決めたのなら、今度は悲壮感なく挑めるはず。

そのときに大事なことは、絶対に「失敗するかも」と思わないことですよ。

そう思って始めると、たいてい失敗します。

「私はやせられる！」と明言しましょう！

もうひとつ、ダイエットを成功させる秘訣があります。

食事制限や運動メニューをこなす以上に、とても重要なこと。

それは〝自己イメージ〟です。


〝1カ月後の自分〟〝2カ月後の自分〟がどんな体つきになっているか、それをしっかりイメージしてから始めましょう。

その姿を思い浮かべたとき、心が躍ってやる気が湧いてくるようにするのです。

これは、スポーツのイメージトレーニングと同じ効果があります。

たとえば、目標を半年後に設定したら、毎日〝半年後のスリムな自分〟をありありと思い浮かべます。そして、その姿に「カッコイイ！」と拍手を送りながら意気揚々とダイエットしましょう。

もしくは、〝半年後のスリムな自分〟が、笑っておいでおいでと手招きしながらいまの自分を応援するというイメージでもかまいません。

自分に合ったイメトレを加えてダイエットしましょう。そうすれば、着実に〝なりたい自分〟に近づいていきますよ。

それを笑顔でできるように、あなたは最初に心をスリムにしたのです。

ダイエット成功の鍵は、不信感を持たず、ハッピーな気持ちで取り組むことです。趣味を楽しむかのごとくやりましょう。

だから、「このままの私ではダメだ」ではなく、「太めの私もいいけれど、やせて流行の服を着るぞ！」とウキウキしながらチャレンジしてくださいね。

たとえ、ちょっと太めのあなたでも……
まずは、そういう自分を
まるごと愛してあげましょう。

# 朝目覚めた瞬間から元気が湧いてくる〝上手な睡眠法〟

体はものすごく疲れているのに、次から次へと心配事や考え事が浮かんでなかなか寝つけない……。

「ああ、もう〇時になっちゃった。早く眠らなくては……」と焦るほど、ますます目がさえて、今度は「どうして眠れないんだろう」と、そのことをぐるぐる考えてしまう……。

そんな経験はありませんか？

疲れているのに眠れないと、ホント悲しくなってきますよね。

でも、眠れないことを〝新たな悩み〟にしないようにしましょう。

私はとても心配性だったので、あれこれ考え始めて眠れなくなることはしょっちゅうでした。

そこで、世の中にある〝眠りを誘う方法〟を手当たりしだいに試してみました。

その中から、もっとも効果的で安全な方法をお伝えしましょう。


眠れないというときは、心も体もガチガチに緊張しています。

その緊張を緩めて、心身に〝眠りへの合図〟を送るボディワークです。

ぜひ試してみてください。

**①ベッドに仰向けに寝ます。**

あなたが大好きで、もっとも心地いいと感じる屋外の場所を思い浮かべましょう。

ビーチでも、草原でも、森の中のコケの上でもかまいません。

いま、自分はそこに体を横たえている……と想像します。

砂や草がじかに手の平に触れている感触や、太陽の温もりなど、自然に包まれている気持ちよさをたっぷり味わってください。

**②そのイメージができたところでスタート。**

「もう限界」というところまで胸いっぱい息を吸い込み、止めます。

**③ここから、足先、手先、お腹の順に、思いっきり力を入れていきます。**

まず足先から。足の指をギュッと内側に曲げて力を入れましょう。

**④心の中で2秒数えたら、足先に力を入れたまま、次は手先に力を込めます。**

握りこぶしをつくり、指先にも、腕にも力を込めましょう。

**⑤その2秒後、お腹を固くします。**

次いでお尻にもギュッと力を入れて、ボディ全体を引き締めましょう。

**⑥最後は顔面。**
目をギュッと閉じて顔をクシャクシャにし、ありったけの力で全身を硬直させます。

**⑦そのまま息を止めて、3秒から5秒耐えます。**
耐え切れなくなったところで、ハーッと一気に息を吐き出して脱力。
そのとき、ストレスが体から染み出していくのを感じましょう。
「心配事は出ていけー！」と念じてもいいですよ。

**⑧2、3回深呼吸して、息を整えます。**
体中に血が巡るのを感じながら、最初にイメージした心地いい場所に戻りましょう。

①から⑧をワンセットにして、眠くなるまで繰り返してみてください。
私は3セット以上もったことがありません。その前に眠ってしまうからです。
このボディワークのよさは、イヤなことを考えながら眠りにつかないので、快適な深い睡眠がとれることなんですね。

翌朝はきっと「おはよう！」と元気な声が出るほど、さわやかに起きられると思いますよ。

質のいい睡眠は、「体」と「心」を回復させるのに
とても重要なこと。
それだけでなく、
宇宙のエネルギーをもらってくる
「魂」の貴重な〝食事タイム〟なのです。

# 体の不調も予期せぬトラブルも……人生には「必要なこと」しか起こらない

「病気は、神様からの贈り物だと思いました」

大病を乗り越えた人は、よくこんな言葉を口にします。

私も同感です。

39歳のとき、子宮を摘出しなければならない病気をして1年間休職したことがありますが、そのときは「なんでこんなことに……」「もう、死んでしまいたい」などと思い詰めました。

でも、一連の体験を経て確信したことがあります。

それは、「後天的な病気はすべて、人生を幸せに生きるために軌道修正をするチャンスなのだ」ということです。

どんな病気にも原因があります。

体が「疲れた！」と悲鳴をあげているのに、ムリをし続けた。心が「もうイヤだ！」と叫んでいるのに、無視し続けた。長年、自分が自分を粗末に扱ってきた代償が、〝心身の不調〟として現われるんですね。

だから、万が一、あなたが病気にかかってしまったら、「もっと自分を大切にする生き方に変えなさい」というメッセージと受け止めましょう。

「どうして私がこんな目に……」と考えるのではなく、「自分はどのくらい自分に愛を注いできたか」ということをよーく考えてみるのです。

その視点から自分を振り返れば、きっと何か思い当たると思います。

それがわかったら、「これからそれを改める生き方が始まるんだな。いまはその〝準備期間〟なんだ」と、病気の期間を受け止めてほしいのです。

そう思えたら、そのときから病気はあなたの敵ではなくなるでしょう。

「病気と向き合う」ことの真意は、病気と闘うことではありません。病気を、神様がくれた〝手紙〟として受け取ることなのです。


風邪を引いて寝込んだときのあなたはどうですか？

大きな病気も、ただの風邪も、手紙に変わりはありません。

横になっていても、「どうしてこんな病気に！」「休んだ時間をどうしよう……」と焦っていれば、その間はイヤな体験をしただけで終わってしまいます。

もし、神様の手紙に返事を書くとしたら、一面グチばかりになってしまうでしょう。

残念ながらそういう人もいますよね。


たとえ病気になっても、うろたえなくていいし、先のことを心配しなくていい。

あなたがやるべきことは、治療のかたわら「この体験をチャンスに変えてやる！」と思って、徹底的に自分を振り返ることなのです。

そして、どんな小さなことでも、何かに気づいて深く反省したら、それを手紙の返事にしましょう。

あなたが反省すればするほど、それと反比例して、心の中には感謝の気持ちがあふれてくると思います。

そのときあなたは知るでしょう。病気をしてつらい思いをしたのは、〝本当の幸せ〟を手に入れるためだったということを。

そんなふうにして、まっ先に心の中で病気を乗り越えたら、その時点から「これまでより幸せな人生」が始まりますよ。

それは私が保証します。

「人生には必要なことしか起こりません。
病気は、
そのとき一番大切なことに
気づくための体験なのです。」

# たとえば、大切な人が病気になってしまったときは……

病気は、人生をゆさぶる一大事。本人はもちろん、周りにいる人たちにとっても、乗り越えなければならない大きな〝試練〟になることがあります。

もしも、家族、恋人、親友といった、あなたにとってかけがえのない人が病気になったらどうしますか？

そのときあなたに、何ができるでしょうか……。

先ほど述べたように、病気は「よりよい人生を送るために生き方を変えなさい」というメッセージにほかならないと思います。

しかし、そのメッセージの〝受取人〟は、本人に限られているんですね。

どんなに親しい人でも、肩代わりすることはできません。

そのとき周りの人たちができることは、ふたつ。

ひとつは、「この人が病気に負けないで、きちんとメッセージを受け止めることができますように」と〝祈る〟こと。

もうひとつは、「この人には、それをする力がある」と〝信じ切る〟こと。

〝信じ切る〟というのは、その人をかけがえのない存在だと思っている人にしかできません。

親しいからこそ「この人なら絶対に乗り越えられる」と、その潜在能力や治癒力を心から信じることができるのです。


では、病気の人にはどんな言葉をかけたらいいのでしょうか？

「だいじょうぶ？」

「がんばれ！」

どちらも気軽に使ってしまいがちですが、病気になっている人にとっては、あまりうれしい言葉ではありません。

だって、「だいじょうぶではないからこそ、必死にがんばっている」のですから。

そんなときは、「あなたが元気になった姿しか頭に浮かばない」と言ってあげましょう。

あるいは、「私ががんばってるから、あなたはだいじょうぶ！」って。

相手が不思議そうに「何をがんばってるの？」と尋ねたら、「毎日、あなたが乗り越えられるように祈ってるし、それを信じてる」と答えてあげてくださいね。

そうすれば、きっとあなたの〝愛〟が伝わるから。

そんな温かで力強い言葉で励まされたら、きっとうれしいと思います。

家族や大切な人が病気になってしまったときは、相手に「がんばれ」と言うのではなく、そうやってあなたが「陰でがんばる」ときなんですよ。

それでも、大切な人が苦しむ姿を目の当たりにすれば、「この人を失ってしまうのではないか」と不安に苛まれることがあるでしょう。

そんなときこそ、不安に襲われて心配するエネルギーを、信頼のエネルギーに変えて祈ってください。

心配して過ごす時間が1分でも余計にあったら、1分多く祈りましょう。

それによって、相手だけでなく、あなた自身が救われるからです。

祈りとしてあなたが〝愛〟を捧げると、その愛はあなたの中を通過して、相手のもとに届きます。

目には見えなくても、愛にはものすごく大きな癒しの力があるのです。

「心配のエネルギー」を、
「応援のエネルギー」に変えましょう。
応援という〝愛の力〟は、
偉大です。

# 「ないもの」ではなく、「あるもの」に注目する

「幸せを手に入れたい！」

そう願うほど、あなたは幸せから遠ざかっていることを知っていますか？

幸せは、追い求めれば求めるほど、逃げていくもの。

ほら、『青い鳥』（メーテルリンク）に出てくる〝幸せの青い鳥〟も、必死に追いかけている間は見つからなかったけれど、実は青い鳥は、もっとも身近な自分の家にいましたよね。この話は、私たちに「幸せの本質」を教えてくれます。

幸せとは、新たなモノを探し出すことではなく、もうすでにあるモノを〝感じる〟ことなのです。

あなたは、もうすでに〝幸せの海〟にドップリつかっているんですよ。

「何か特別なことが起こって幸せになる」わけでも、「だれかがあなたを幸せにしてくれる」わけでもありません。

ましてや、死ぬほど努力しなければ幸せになれない、なんてこともない。

あなたの周りに普通にあるモノや、ありふれた日常生活に埋もれているモノが、幸せの材料です。

そこにある幸せを感じ取れるかどうかが、一番重要なことなんですね。

そのために、あなたの〝幸せアンテナ〟を磨いて感度を上げましょう。

「最近、なんだか幸せな気分が凹んでる」と感じたとき、私はこんなことをします。

目の前にある幸せの材料に向かって、ひとつひとつ「ありがとう。大好き！」と、声に出して言うのです。

「パソコン、いつも仕事を手伝ってくれて、ありがとう。大好き！」

「庭のお花、心をなごませてくれて、ありがとう。大好き！」

「青空、心を広々とさせてくれて、ありがとう。大好き！」……

思いついたものは何でも。家族、友人、パートナーなど、大切な人たちも含めて。

いつも近くに当たり前に存在するものに、改めて「ありがとう。大好き！」と20個も言っていると、「私はなんて恵まれているんだろう」としみじみ感じて、ありがたい気持ちで胸がいっぱいになります。


たとえば、あなたが毎日、当たり前のように使っているお気に入りのマグカップだって、知らないうちに、あなたをホッとさせてくれているのかもしれません。

そういう小さなものに目を向けて、ていねいに幸せのカケラを拾い集めていくと、心は〝幸せの海〟をスイスイと泳ぎ始めます。

そして、自分はこんなにもいろいろな人やモノに助けられてなんて幸せなんだろう、ときっと感じることでしょう。

あなたは、幸せな星の下に、幸せに生きるために必要なモノを一生分たずさえて生まれているのです。

ただ、まだそのことに気づいていないだけなんですね。

〝幸せアンテナ〟を、一生懸命ピカピカに磨きましょう。

そして、「ないものねだりをする」自分から、「すべてのことに感謝できる」自分になっていきましょう。

すると、予想もしなかった幸せをヒシヒシと感じられるようになりますよ。

「幸せに生きるために必要なモノを、
あなたはすべて
持って生まれてきています。」

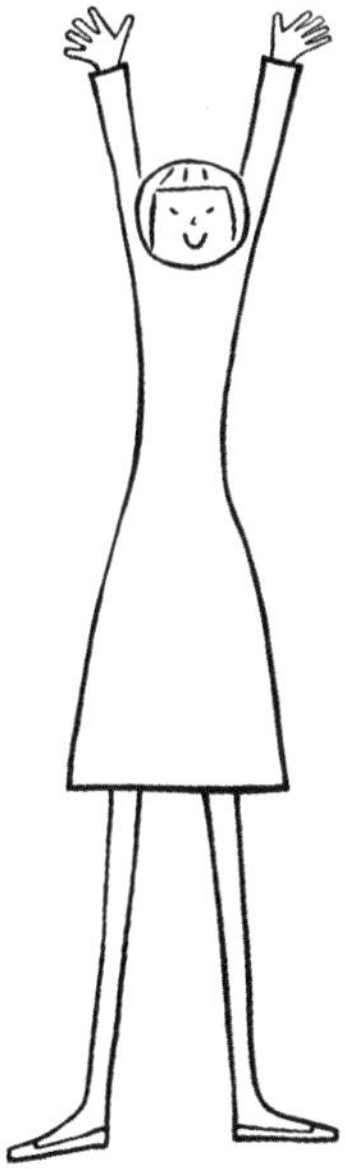

おわりに

# あなたは、自分が思っているより、ずっと強い人です！

「折れない心」をつくることは、決してむずかしいことではありません。
3つのことを心に留めておけば、だいじょうぶ！
それは、
●がんばりすぎない
●こだわりすぎない
●期待しすぎない

どんなことでも、「すぎる」とつらくなってしまうんですね。
これからは〝いい加減〟を目指しましょう。
〝いい加減〟は、「良くも悪くもない、適当」という意味ではありません。「最良」という意味です。

〝いい加減〟とは、あなたにとって〝最良のあんばい〟ということなのです。

「これだけは譲れない」と思うやりがいを感じる物事は、大切にして、夢中でのめり込みましょう。

でも、そのほかのことは、がんばりすぎず、こだわりすぎず、人に期待しすぎず、サラリと受け流せばいいのです。

それで生きる楽しさが目減りすることはありませんよ。

むしろ、あなたが本当に大切にするべき物事がわかると思います。

〝ちょうどいい加減〟を身につけて、幸せに生きていってくださいね。

宇佐美　百合子

本書は、小社より刊行した『自分に「いいこと」を起こす頑張りかた』を
文庫収録にあたり加筆・改筆・再編集のうえ、改題したものです。

# 読《よ》むだけで「折《お》れない心《こころ》」をつくる35のヒント

著者　宇佐美百合子（うさみ・ゆりこ）
発行者　押鐘太陽
発行所　株式会社三笠書房
〒102-0072 東京都千代田区飯田橋3-3-1
電話　03-5226-5734（営業部）03-5226-5731（編集部）
http://www.mikasashobo.co.jp
印刷　誠宏印刷
製本　宮田製本

 ISBN978-4-8379-6634-0 C0130



王様文庫

王様文庫

## 「いいこと」がいっぱい起こる！ブッダの言葉

植西 聰

怒りも迷いもカラッと晴れる、毎日を楽しく生きるための最高の指南書！　ブッダの死後、ブッダの言葉を生で伝えたとされる最古の原始仏典『ダンマパダ（真理の言葉）』が、わかりやすい現代語に。数千年もの間、人々の心を照らしてきた〝言葉のパワー〟をあなたに！

## 心にズドン！と響く「運命」の言葉

ひすいこたろう

本書は、あなたの人生を変える54のすごい言葉に心温まるエピソードを加えた新しい名言集。成功する人は成功する前に「成功する言葉」と、幸せになる人は幸せになる前に「幸せになる言葉」と出会っています！　1ページごとに生まれ変わる感覚を実感して下さい。

## 不思議なくらい心がスーッとする断捨離

やましたひでこ

テレビや雑誌で話題沸騰の片づけ術「断捨離」。そのエッセンスをギュッとこの1冊にまとめました。部屋のガラクタを捨てるだけで、「チャンスが舞い込む」「素敵な出逢いがある」など、うれしい変化が次々にやってきます！

K30232